AF284640

Betriebliche Versorgungssysteme

Natalie Avi-Tal - Alexander Brix - Oliver Bruns

Betriebliche Versorgungssysteme

Gewinnung und Bindung der Ressource Mensch mit
Finanzdienstleistungen.
Ein Praxishandbuch für Arbeitgeber, Arbeitnehmer und Berater.

Oldenburger Reihe zu Wirtschaft, Politik und Gesellschaft
Band 1

3

Bibliografische Information der Deutschen Nationalbibliothek: Die Deutsche
Nationalbibliothek verzeichnet diese Publikation in der Deutschen Nationalbibliografie;
detaillierte bibliografische Daten sind im Internet über http://dnb.dnb.de abrufbar

© 2018
Herausgeber: Oliver Bruns
Coverfoto: g-stockstudio, Titel: catching up before meeting
Coversatz: Dieter Betz Design-Kommunikation, 71292 Friolzheim
Herstellung und Verlag:
BoD – Books on Demand
ISBN: 9-783752-830224

Inhaltsverzeichnis

Hinweis: in diesem Buch, insbesondere in den Kapiteln 14, 15, 30 und 31 werden allgemeine steuerliche und rechtliche Aussagen getroffen. Diese stellen keine Steuer- und/oder Rechtsberatung dar. Sie ersetzen keine individuelle Beratung. Bitte ziehen Sie in Ihrem speziellen Fall als Privatperson und/oder Unternehmen einen Steuer- und/oder Rechtsberater Ihres Vertrauens hinzu.

6

Vorwort

„Wir suchen Mitarbeiter!"

Wer mit offenen Augen durch seine Stadt oder Gemeinde geht, der wird diesen Hilferuf zunehmend wahrnehmen. Auf Dienstfahrzeugen und Lastern. Auf Plakatwänden oder Bussen. Der Arbeitsmarkt hat sich radikal gewandelt und wird es weiter tun. Die Zeiten, wo sich Unternehmen die neuen Kollegen aus einer Unmenge von Bewerbern aussuchen konnten, sind in vielen Branchen vorbei. Eine Folge des demographischen Wandels.

Die Wettbewerbsfähigkeit steht auf dem Spiel. Unternehmen müssen sich etwas einfallen lassen, um im Kampf um die *Ressource Mensch* die Nase vorn zu haben.

Selbstverständlich spielt auch in Zukunft die Qualifikation von Arbeitnehmerinnen und Arbeitnehmern eine große Rolle. Aber Unternehmen müssen sich fragen: Was ist meine Story als Arbeitgeber? Warum sollten Bewerber bei mir anfangen und nicht bei der Konkurrenz? Was biete ich, um meine (guten) Leute zu halten? Welchen Beitrag die Finanzdienstleistung leisten kann um auf dem Arbeitsmarkt zu bestehen, damit beschäftigt sich das vorliegende Buch.

Es heißt Praxishandbuch, weil es sich auf die wesentlichen Zusammenhänge beschränkt und sich am Alltag der am Prozess der *Betrieblichen Versorgungssysteme* Beteiligten orientiert. Es will ganz bewusst nicht mit vertiefender Fachliteratur konkurrieren. Und so halten die Autoren stets alle Zielgruppen im Auge: den Arbeitgeber, den Arbeitnehmer und auch Berater.

Im ersten Teil werden grundlegende Fragen, Voraussetzungen und Zusammenhänge erläutert, die zu den folgenden Teilen hinführen.

Der zweite Teil beschäftigt sich mit der *Betrieblichen Altersvorsorge (bAV)*. Dabei handelt es sich um deutlich mehr als nur eine Pflichtübung. Und es gilt eine Menge Details zu beachten. Die wichtigsten werden angesprochen und erläutert. Auch außergewöhnliche Details kommen zu Wort. Der dritte Teil hat die *Betriebliche Krankenversicherung (bKV)* zum Thema. Ein Bereich, der bisher nur Experten bekannt war und somit eine ganze Reihe Chancen bietet, sich abzusetzen und etwas Besonderes zu bieten. Parallelen bei der Kapiteleinteilung sind erwünscht um das vergleichende Lesen der einzelnen Abschnitte zum vorangegangenen Teil der bAV zu erleichtern.

Der vierte Teil beschäftigt sich mit den *Satelliten* rund um die beiden vorgenannten Themen, die aus einzelnen Produktwelten letztlich ein System machen. Ein angehängtes Literaturverzeichnis bietet für den interessierten Leser, der das eine oder andere Thema vertiefen möchte, wertvolle Hinweise.

Mein Dank gilt Natalie Avi-Tal und Alexander Brix. Sie haben nicht nur ihre jahrelangen Praxiserfahrungen eingebracht, sondern sich das Projekt von Beginn zu Eigen gemacht.

Dieses Buch „*Betriebliche Versorgungssysteme*" ist Band 1 in der „*Oldenburger Reihe zu Wirtschaft, Politik und Gesellschaft*".

Oldenburg (Oldb.) im September 2018

Oliver Bruns

Herausgeber

8

01 Notwendigkeit ergänzender Altersvorsorge

In der Bundesrepublik Deutschland sorgt ein umfangreiches Sozialsystem für die Absicherung der Bürger. Sowohl bei verschiedenen Wechselfällen des Lebens als auch bei der Altersversorgung. Allerdings kommen die Leistungen der Sozialversicherungen über eine Absicherung des Notwendigen nicht hinaus.

In der gesetzlichen Rente spielt vor allem die Bevölkerungsentwicklung eine große Rolle. Sie wurde 1957 nach dem Umlageverfahren eingeführt.[1] Der junge, arbeitende Teil der Bevölkerung brachte zusammen mit dem Arbeitgeber die Beiträge auf, die auf die Leistungsempfänger der Altersrente, sowie der Berufs- und Erwerbsunfähigkeitsrente umgelegt wurden. Der Vorteil war, dass der Staat sofort Geld hatte, um Renten auszuzahlen und selbst keine Kapitalbildung betreiben musste. Der viel zitierte Satz vom ehemaligen Bundesminister Norbert Blüm „Die Renten sind sicher" zielt auf dieses System. Solange volkswirtschaftlich etwas erwirtschaftet wird, Löhne gezahlt und damit eine Beitragszahlung erfolgt, können auch Renten gezahlt werden. Allerdings hat sich Norbert Blüm auch nicht zur Höhe der Renten geäußert.

Das Umlagesystem würde begünstigt, wenn sich jede Generation „reproduziert", also in etwa so viele Nachkommen zur Welt und später in Lohn und Brot bringt, wie die davor. Nur ist das nicht

---

[1] Deutsche Rentenversicherung Bund (Hrsg.), 125 gesetzliche Rentenversicherung, München 2014, S.44f.

9

geschehen. Während in den 60er Jahren des letzten Jahrhunderts in beiden deutschen Staaten noch regelmäßig deutlich über eine Million Kinder zur Welt kamen, sank die Zahl zwischenzeitlich auf unter 700.000 um sich inzwischen wieder leicht zu erholen. 2016 kamen etwas über 790.000 Kinder in der Bundesrepublik zur Welt. Die Gründe sind vielfältig. Auf alle Fälle bedeutet dieser Umstand, dass sukzessive den Rentenempfängern zu wenig Beitragszahler gegenüberstehen. Die jetzt älter werdende Generation hat, mit einem Augenzwinkern formuliert, nicht ganz ihre Pflicht erfüllt, was das Umlageverfahren angeht. Es hätte mehr Kinder gebraucht. Nämlich 21 Nachkommen auf zehn Männer, beziehungsweise zehn Frauen. Derzeit liegt die Rate bei etwa 1,4 pro Paar. Deutschland schrumpft.

Eine zweite für die Rente gewichtige Entwicklung ist die gestiegene Lebenserwartung. Dadurch hat sich die Zahl der Rentenbezugsjahre erhöht. Lag die Rentenbezugsdauer 1960 in den alten Ländern bei rund 10 Jahren,[2] so stieg sie auf rund 20 Jahre im Jahr 2015.[3] Tendenz steigend. Zusammengefasst: weniger Beitragszahler sollen viele Rentenempfänger finanzieren, die dann auch noch doppelt so lange Rente brauchen werden wie früher. Um einen weiteren Anstieg der Beitragssätze zu verhindern oder diese wenigstens zu drosseln, wurde unter anderem das Rentenniveau gesenkt. Wer 2030 als sogenannter „Eck-Rentner" mit 45 Beitragsjahren in Rente geht, kann mit 44,3% netto vor Steuern seines letzten Gehalts rechnen.[4]

---

[2] Bundeszentrale für politische Bildung, www.bpb.de, „Durchschnittliche Rentenbezugsdauer (RV)" vom 16.4.2014, download am 13.5.2018.
[3] „Wir beziehen länger Rente als je zuvor", 25.7.2016, www.faz.net, download am 13.5.2018.
[4] www.deutsche-rentenversicherung.de, downlaod am 13.5.2018.

Dieser Umstand führt dazu, dass jeder Arbeitnehmer notwendigerweise ergänzende Altersvorsorge betreiben muss. Neben den zahlreichen privaten Möglichkeiten nimmt die betriebliche Altersvorsorge in dieser Frage einen großen Raum ein. Insbesondere deswegen, weil sie vom Gesetzgeber in besonderer Weise gefördert wird. Der Arbeitgeber ist verpflichtet, Lösungen anzubieten. Er kann über die Pflicht hinaus weitere Angebote machen. Beide Parteien, Arbeitnehmer und Arbeitgeber, können in der Ansparzeit Steuern und Sozial-abgaben sparen.

02 Notwendigkeit ergänzender Gesundheitsversorgung

Das deutsche Gesundheitssystem besteht aus der gesetzlichen Kasse (GKV), bei der rund 90% der Bevölkerung versichert sind, und privater Versicherung (PKV), bei der die restlichen 10% Schutz genießen. Während sich Mitglieder der PKV vor Vertragsabschluss aus einer ganzen Reihe von Angeboten ihre Leistungen aussuchen können, ist der Leistungsumfang der GKV im Wesentlichen gesetzlich vorgeschrieben - und zwar im Sozialgesetzbuch V. Darüber hinaus steht es den Kassen frei weitere, ergänzende Leistungen über ihre Satzung anzubieten. Die GKV erhebt dabei den Anspruch einen umfassenden Leistungskatalog anzubieten. Während aber der PKV-Kunde einen privatrechtlichen Vertrag mit einem lebenslangen Leistungsversprechen erhält, muss der GKV-Versicherte damit

11

leben, dass Leistungen von der Politik gestrichen werden können. Das Sozialgesetzbuch V ist, wie der Name schon sagt, ein Gesetzbuch. Und selbiges kann durch entsprechende Mehrheiten im Deutschen Bundestag geändert werden. In der Vergangenheit hat es von der solche Korrekturen bereits des Öfteren gegeben. Es gibt keinerlei Garantien für das Leistungspaket. Der Kostendruck, der auch unter dem demographischen Wandel leidenden Gesundheitsversorgung hat dazu beigetragen. Auch für die Zukunft kann von weiteren Kürzungen ausgegangen werden. Bekannteste Leistungslücken sind zum Beispiel

- keine Zuschüsse für Sehhilfen (außer Sehbehinderte)
- höhere Eigenbeteiligungen beim Zahnersatz durch
        Festzuschüsse,
- Kürzungen beim Krankentagegeld,
- begrenzte Vorsorgeuntersuchungen,
- Eigenbeteiligung bei abweichender Krankenhauswahl
- Selbstbeteiligung bei Medikamenten, Anwendungen, etc.

und dergleichen mehr. Wenn also ein Patient auf genau diese Leistungen angewiesen ist, dann muss er die Kosten aus eigener Tasche bestreiten. Außerdem unterliegen die Leistungen der GKV sämtlich dem Wirtschaftlichkeitsgebot.[5] Demnach müssen *„die Leistungen ausreichend, zweckmäßig und wirtschaftlich sein und das Maß des Notwendigen nicht überschreiten."* Wer das nicht kann oder will, interessiert sich für private Zusatzversicherungen. Laut PKV-Verband gab es 2017 bereits über 25 Millionen Zusatzpolicen. Solche Einzelverträge, insbesondere die mit umfangreicheren Leistungen, wie zum

---

[5] Vgl. §12 SGB V.

12

Beispiel Krankenhaus-Tarife oder hochwertige Zahnersatz-policen, bedürfen immer einer Gesundheitsprüfung. Zu diesem Zweck haben der Antragsteller/die Antragstellerin entsprechende Fragen nach bestem Wissen und Gewissen zu beantworten. Der Versicherung steht es frei, in Kenntnis der Antworten, Zuschläge zu verlangen, Leistungsausschlüsse zu formulieren oder einen Antrag sogar komplett abzulehnen. Es steht also zu vermuten, dass es eine ganze Reihe von Interessenten gibt, die aufgrund ihrer gesundheitlichen Disposition nicht in den Genuss ergänzender Krankenver-sicherungen kommen, obwohl sie es gerne wollten. Später werden wir sehen, dass betriebliche Lösungen diesen Punkt auf-greifen. Denn sie funktionieren weitestgehend ohne Gesund-heitsprüfung.

03 Ausgangssituation demographischer Wandel[6]

Es dürfte einer der am meisten strapaziertesten Termini der letzten Jahre sein: der demographische Wandel. Doch was steckt hinter dem Begriff? Und war bedeutet er für unser Thema? Im Einzelnen sind damit eine ganze Reihe Symptome in der Bevölkerungsentwicklung gemeint. Dem Grunde nach bedeutet „demographischer Wandel" zum einen, dass sich das Verhältnis der Alterskohorten ändert. Das heißt, dass es deutlich mehr ältere Menschen im Verhältnis zu den jüngeren gibt.

---

[6] Vgl. im Folgenden: Duden Wirtschaft von A bis Z: Grundlagenwissen für Schule und Studium, Beruf und Alltag. 6.Aufl. Mannheim: Bibliographisches Institut 2016. Lizenzausgabe Bonn: Bundeszentrale für politische Bildung 2016.

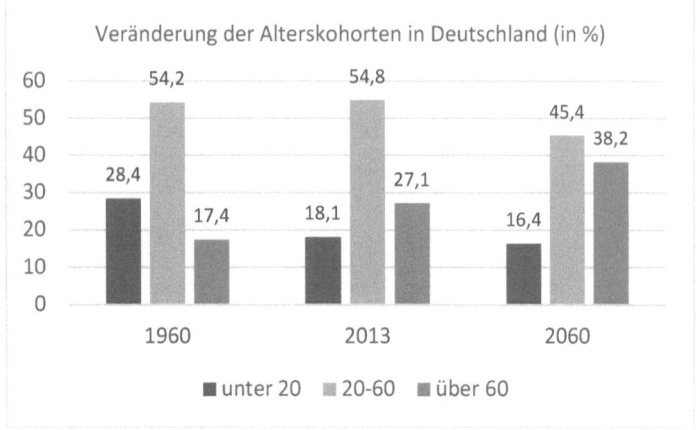

Veränderung der Alterskohorten in Deutschland (in %)

Eigene Grafik[7]

Zum Zweiten bedeutet der Begriff, dass die Älteren sich auch noch an mehr Lebenszeit erfreuen dürfen. Sprich: die durchschnittliche Lebenserwartung ist gestiegen.

Unserem Thema entsprechend beleuchten wir die weitreichenden Folgen für die Sozialversicherung und für die Unternehmen.

Das Umlageverfahren, das unserer Sozialversicherung zu Grunde liegt, benötigt eine Altersverteilung der Bevölkerung, die einem Tannenbaum gleicht. Es braucht wesentlich mehr junge, arbeitende und in die Sozialversicherung einzahlende Menschen als im Ruhestand befindliche.

Seit Ende der Sechziger Jahre des letzten Jahrhunderts hat sich das Verhältnis allerdings dramatisch verändert.[8] Gab es in den 1960er-Jahren noch Geburtenzahlen von bis zu 1,3 Millionen in

---

7 Datenquelle: Bevölkerungsentwicklung und Altersstruktur vom 27.12.2015, https://www.bpb.de/nachschlagen/zahlen-und-fakten/soziale-situation-in-deutschland/61541/altersstruktur?zahlenfakten=detail, downlaod 2.9.2018.
8 Vgl. Schweitzer, J., Bossmann, U. (Hrsg.) Systematisches Demografiemanagment. Wie kommt Neues zum Älterwerden ins Unternehmen? Wiesbaden 2013, S.15f.

beiden deutschen Staaten pro Jahr, so sind diese kontinuierlich gesunken. Tiefpunkt war das Jahr 2011 mit rund 662.000 Lebendgeburten. Man spricht vom sogenannten „Pillenknick", wobei die Markteinführung der Anti-Baby-Pille sicher nur ein Aspekt von Vielen war. Der Rückgang konnte auch durch Wanderungssalden (= Differenz zwischen Zu- und Abwanderung) nicht ausgeglichen werden. Inzwischen nähert sich die Zahl wieder der 800.000-Marke pro Jahr im wiedervereinigten Deutschland. Wo junge Menschen fehlen, wird der Wettbewerb um sie als zukünftige Auszubildende und spätere Mitarbeiter, Fachkräfte und Angestellte größer werden. Und er ist bereits im vollen Gange.

Durch die genannten Entwicklungen, sind nicht nur weniger junge Menschen auf dem Arbeitsmarkt, sondern die Bevölkerung sinkt auch insgesamt. Das Statistische Bundesamt schätzt, dass Deutschland im Jahre 2060 nun noch 65-70 Millionen Einwohner hat.[9]

Dem Arbeitsmarkt fehlen die Arbeitskräfte und der Sozialversicherung fehlen die Beitragszahler, die die Renten der im Ruhestand Befindlichen aufbringen sollen. Neben der Veränderung der Alterskohorten kommt es zu einem stetigen Anstieg der Lebensjahre insgesamt. So erfreulich die Entwicklung, das sich der Einzelne auf mehr Lebensjahre freuen kann, ist: insbesondere für die Gesetzliche Rentenversicherung ist Langlebigkeit ein großes Problem. Auf den Punkt gebracht müssen immer weniger junge Arbeitnehmer mit ihren Beiträgen immer mehr Rentner finanzieren, die auch noch länger leben. Die Rentenbezugsdauer lag in Westdeutschland 1960 noch bei 9,9 Jahren. Im Jahre 2016 in Gesamtdeutschland bereits bei 19,9

---

[9] Ebd. S.16.

Jahren. Dadurch stellt sich die drängende Frage nach der Finanzierbarkeit des Ruhestandes. Das Renteneintrittsalter ist derzeit bei 67 Jahren und es ist denkbar, dass das Eintrittsalter auf 70 Jahre steigt. Zum einen, weil Arbeitskräfte fehlen, und zum anderen, weil damit die Bezugsdauer wieder verkürzt wird.

Für Unternehmer bedeutet das: sie müssen sich auf eine Veränderung der Altersstruktur in ihrem Unternehmen einstellen. Die Belegschaften werden im Durchschnitt älter. Es wird schwieriger Mitarbeiter und Auszubildende zu finden. Es erhöht sich daher die Notwendigkeit, Demographie als ein hartes Kriterium weitsichtiger Unternehmensführung zu etablieren.

Der Vorteil an älteren Mitarbeitern ist zweifelsohne ihre Erfahrung. Ein Unternehmen muss allerdings auch mit steigenden Ausfallzeiten rechnen, die die Produktivität eines Unternehmens in schwere Bedrängnis bringen können.

Die folgende Grafik beschreibt die Beziehung zwischen Alter und Krankheitstagen. Die Balken beschreiben die Anzahl der Arbeitsunfähigkeitstage pro 100 Versichertenjahre. Und die Linie die Anzahl der Ausfalltage pro Fall. Nun lässt sich folgendes aus der Grafik ablesen:

Aus dem Gesundheitsreport 2017 der DAK[10]:

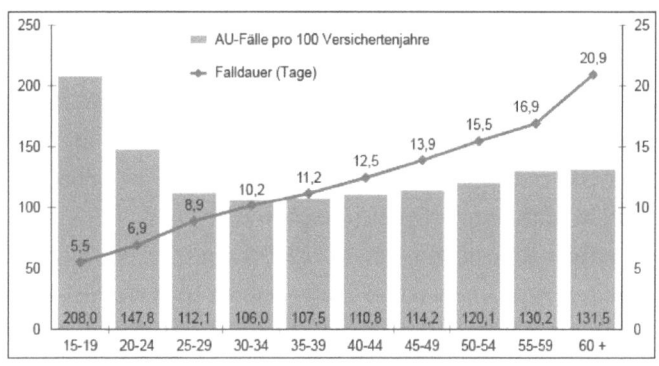

Quelle: AU-Daten der DAK-Gesundheit 2017

Ältere Mitarbeiter sind zwar nicht häufiger krank, benötigen aber mehr Zeit für die Genesung. Wenn also das Durchschnittsalter steigt, besteht das Risiko steigender Ausfallzeiten mit allen Konsequenzen für die Produktivität und Wettbewerbsfähigkeit. Aus diesem Grund werden Aspekte der Gesundheitsversorgung, der Prävention und Gesundheitsförderung an Bedeutung gewinnen. Es kann einem Unternehmen nicht mehr egal sein, wie es um die Gesundheit der Mitarbeiterschaft bestellt ist. Zu groß sind die Risiken im Hinblick auf Produktivität und Wettbewerbsfähigkeit. Dazu können Elemente der betrieblichen Versorgungssysteme einen wertvollen Beitrag leisten, wie wir mit diesem Praxishandbuch zeigen werden.

---

[10] Storm, Andreas (Hrsg.), Gesundheitsreport 2018, in: Beiträge zur Gesundheitsökonomie und Versorgungsforschung Band 21, Hamburg 2018, S.14. Abdruck mit freundlicher Genehmigung der DAK Gesundheit.

17

04 Generation Y

Tempora mutantur et nos mutamur in illis. „Die Zeiten ändern sich und wir ändern uns in ihnen."[11] Nichts ist so konstant wie der stetige Wandel. Für unser Thema bedeutet das: die Arbeitnehmerschaft hat sich im Lauf der Zeit nachhaltig verändert. Man unterscheidet zwischen der

Generation X - die Kinder der 1960er und 1970er Jahre. Sie rebellierten zwar und stellten Traditionen und Werte der Eltern in Frage, mündeten allerdings in einen gleichmäßigen Lebensrhythmus.[12]

Generation Y - die Kinder, die zwischen 1980 und 2000 geboren wurden. Y wird wie englisch „why" ausgesprochen. Ein bewusstes Wortspiel, das für die Charakteristik der Gruppe steht. Sie gilt als diejenige, die hinterfragt. Außerdem ist sie die Gruppe, die wie selbstverständlich mit dem Internet und dem Smartphone, also mobiler Kommunikation, aufgewachsen ist.

Generation Z - die Kinder, die nach dem Millennium geboren wurden.

Natürlich kann diese Einteilung nicht starr gesehen werden. Und sie ist auch nicht unumstritten. Nehmen wir aber die oben genannte Einteilung als gegeben an, so kann festgestellt werden, dass es durchaus Unterschiede zu anderen Generationen von Arbeitnehmern gibt. Die Generation Y ist bereit, Leistung zu bringen, wenn sie den Sinn in der Arbeit sieht. Und: sie weiß die Demographie auf ihrer Seite. Es ist gewissermaßen ihr

---

[11] Lateinischer Hexameter. Vermutlich aus dem 16.Jahrhundert.
[12] Vgl. Parment, Anders, Generation Y, 2.Aufl., Wiesbaden 2013, S.4.

18

strategischer Vorteil. Sie weiß, dass der Arbeitsmarkt knapp ist und dass damit, je nach Branche und offener Stelle, ihr Wert hoch ist. Sie kann bisweilen sogar Wünsche äußern und Forderungen stellen. Und damit tut diese Generation etwas, was Vorherige auch gerne getan hätten. Die hatten aber nicht die Chance dazu.[13]

Die Generation Y, die jetzt verstärkt auf den Arbeitsmarkt drängt, ist in den 1980er Jahren großgeworden. Die Wahlmöglichkeiten, die sie in nahezu allen Bereichen des Lebens haben, fördern den Individualismus zu Lasten des Kollektivismus, der für die Generation der Babyboomer noch ausgesprochen wichtig war. Gleichwohl sind sie auch an Sicherheit und Verlässlichkeit interessiert. Es ist nämlich auch die Generation, die nicht nur mit einer vorher nie gekannten Anzahl an Möglichkeiten aufwächst, sondern auch mit diversen Krisen. In Folge vom 11.September beispielsweise.[14]

05 Fluktuation

Nicht alle Mitarbeiterinnen und Mitarbeiter eines Unternehmens werden für alle Zeit im Unternehmen bleiben. Es gibt die natürliche Fluktuation, durch Erreichen des Renteneintrittsalters oder durch Ableben. Gerade die Fluktuation durch das Erreichen des Renteneintrittsalters ist gut planbar. Es gibt weiterhin die Fluktuation durch Kündigungen, die seitens des

---

[13] Vgl. „Die Generation Y ist überhaupt nicht faul" Kerstin Bund im Gespräch mit Hannah Knuth, www.theeuropean.de, 26.8.2014, download am 2.9.2018.
[14] Vgl. „Die Generation Y ist überhaupt nicht faul", ebd.

Unternehmens ausgesprochen werden. Unangenehmer für ein Unternehmen ist die Fluktuation in der Definition nach Redlin: *„Fluktuation ist das durch eigene Kündigung initiierte Ausscheiden von in einem Betrieb mit (un)befristetem Arbeitsvertrag beschäftigen Arbeitnehmern, die in einer anderen Firma wieder ein Arbeitsverhältnis eingehen wollen."*[15]

Eine Kündigung durch den Arbeitnehmer kann vielfältige Gründe haben. Solche, die im Unternehmen zu suchen sind, wie Arbeitsinhalte, Verhältnis zu Kollegen und Vorgesetzten oder Lohn. Oder Gründe außerhalb des Unternehmens wie attraktivere Angebote, Änderung der Familienverhältnisse um nur einige zu nennen. Das Besondere an Fluktuation ist: sie ist sehr teuer. Im Vorfeld findet sich ein Zeitraum, in dem der Mitarbeiter schon nicht mehr die volle Leistung bringt, die sogenannte „innere Kündigung". Geht der Mitarbeiter dann, entstehen eine ganze Reihe von Kosten: der Betrieb muss umorganisiert, Aufgaben neu verteilt werden. Es fallen weitere Kosten für die Akquise und Einarbeitung an. Alles in Allem schätzen Experten die Gesamtkosten auf ca. 125% des Jahresgehaltes des Mitarbeiters.[16] Grund genug, sich mit personalerhaltenden Maßnahmen auseinanderzusetzen. Gleichwohl lässt sich Fluktuation nicht vollständig verhindern. Nach Untersuchungen der Technischen Hochschule Aachen liegt die Fluktuationsrate bei 17%. Branchenabhängig liegt sie allerdings teilweise erheblich darüber.

---

[15] Vgl. Redlin, Michael, Personalfluktuation. Eine mulitvariate Analyse ihrer individuellen Determinanten, Diss. Hamburg, 1987.

[16] Vgl. Personalmanagment, Präsentation von Prof.Dr.-Ing.J.Springer und Dipl. Päd. Katharina Hasenau, Sommersemester 2011, Lehrstuhl und Institut für Arbeitswissenschaft RWTH Aachen. Downlaod am 2.9.2018.

06 Präsentismus und Absentismus

Zur Produktivität eines Unternehmens bedarf es Mitarbeiterinnen und Mitarbeiter. Diese stellen gegen Entgelt ihre Arbeitskraft zur Verfügung. Das Unternehmen rechnet mit ihrem Erscheinen und ihrer Arbeitskraft zu den vereinbarten Zeiten. Nun gibt es zwei Störfaktoren, die diese einfache Regel durchbrechen können und dem Unternehmen Kosten verursachen können.

Absentismus
Unter diesem Begriff werden im Allgemeinen Fehlzeiten zusammengefasst. Allerdings werden unterschiedliche Ursachen benannt. Während einige Definitionen alleine die krankheitsbedingte Abwesenheit unter dem Begriff verstehen[17], sehen andere auch oder ausschließlich motivationsbedingte Abwesenheit darunter[18]. Für unseren Zusammenhang sind beide Ursachen gleichermaßen interessant. Schließlich gilt es in beiden Fällen für das Unternehmen Abhilfe zu schaffen. Denn ein Mitarbeiter, der nicht zur Arbeit erscheint, verursacht Kosten. Absentismus zu reduzieren ist also ein wichtiger Aspekt. Dazu können Personalinstrumente einen sinnvollen Beitrag leisten.

Präsentismus
In der Literatur wird dieser Begriff ausgesprochen heterogen verwendet.

---

[17] Vgl. Spektrum Lexikon der Psychologie online, https://www.spektrum.de/lexikon/psychologie/absentismus/78, download am 9.6.2018.
[18] Vgl. Bartscher, Prof.Dr.Thomas, Absentismus, in: Gabler Wirtschaftslexikon online, https://wirtschaftslexikon. gabler.de/definition/absentismus-29344, download am 9.6.2018.

Was wir meinen ist die Definition, die Thomas Jung 2016 vorgelegt hat:

„Präsentismus im engeren Sinne bezeichnet die Anwesenheit von Mitarbeitern am Arbeitsplatz trotz Krankheit oder gesundheitlicher Beschwerden; i.d.R. einhergehend mit einer Beeinträchtigung ihrer individuellen Leistungsfähigkeit.“[19]

Es handelt sich also um ein Phänomen, das enorme Kosten verursacht, vielfach aber noch Lob und Anerkennung auslöst. Wenn sich Mitarbeiterinnen und Mitarbeiter eines Unternehmens „zur Arbeit schleppen" gefährden sie nicht nur durch ihre eigene Minderleistung die Produktivität des Unternehmens. Im schlimmsten Falle stecken sie auch noch andere Kollegen an. Inzwischen sind die Kosten des Präsentismus durch Studien belegt. Iverson, Lewis, Caputi und Knospe untersuchten einen multinationalen Konsumgüterhersteller mit 1298 Mitarbeiterinnen und Mitarbeitern. Sie kamen auf 22,39 Arbeitstage jährlichen Ausfall pro Mitarbeiter durch Präsentismus. Bei einem Durchschnittseinkommen von knapp 55.000 Euro errechneten sich Kosten von über 7,2 Mio. Euro für das Unternehmen.[20]

Am bekanntesten ist die Untersuchung der Fa. Booz&Company im Auftrag der Felix-Burda-Stiftung. Sie bezifferten 2011 die durch Präsentismus verursachten Kosten auf 2.399 Euro pro Mitarbeiter und Jahr und damit auf rund 2/3 der gesamten Krankheitskosten.[21]

Gesundheitsförderung wird mehr und mehr zu einem wichtigen Faktor in Unternehmen. Im Rahmen eines Betrieblichen

---

[19] Jung, Thomas, Präsentismus im Handlungsfeld von Personalführung und Betrieblichem Gesundheitsmanagment, Baden-Baden 2017, S.56.
[20] Jung, ebenda, S.179.
[21] Jung, ebenda, S.180.

22

Versorgungssystems kann beispielsweise eine betriebliche Krankenversicherung eine wichtige Rolle spielen.

07 Mitarbeiterleistung und Motivation

Jeder Mensch hat etwas, was ihn antreibt. So lautet ein bekannter Werbespruch. Und in Unternehmen ist es eine immer komplexer werdende Aufgabe, das Leistungsvermögen der Belegschaft insgesamt und damit jedes Einzelnen zu fördern. Das liegt natürlich zunächst daran, dass Menschen individuell und keine homogene Gruppe sind. Gott sei Dank, möchte man ausrufen. Die Vielfalt ist ein Schatz. Das macht aber die Führung und Motivation von Mitarbeitern nicht einfacher. Denn auf den eingangs zitierten Spruch hat nun einmal jeder Mensch eine etwas andere Antwort. Dazu kommen die Veränderungen der gesellschaftlichen Rahmenbedingungen. Wie oben beschrieben setzt beispielsweise die „Generation Y" ganz andere Schwerpunkte in ihrem Leben als noch Generationen davor und vermutlich auch Zukünftige.

Die Motivation zu steigern ist demnach ein sehr herausfordernder, vielschichtiger Vorgang. Dennoch lassen sich ein paar Grundgedanken formulieren. So wird zwischen „intrinsischer Motivation" und „extrinsischer Motivation" unterschieden. Die intrinsische Motivation liegt in der Tätigkeit selbst. „Eine hohe intrinsische Motivation wird oft als

Voraussetzung für kreative Leistung angesehen."[22] Es bedarf also keiner weiteren Belohnung und auch keiner Androhung von Bestrafung, was in unserem Zusammenhang hier hoffentlich ohnehin keine Rolle spielt. „Eine Aufgabe wird um ihrer selbst willen erledigt, wenn man den Sinn dieser Tätigkeit erkennt und dabei weder unter- noch überfordert ist (...)"[23]. Im günstigsten Fall ist also die Aufgabe an sich Motivation genug. Ein Punkt, an dem Unternehmen ansetzen können. Je sinnvoller ein Mitarbeiter die Arbeit empfindet und je mehr sie auch den individuellen Fähigkeiten entspricht, umso besser.

Das Gegenteil ist die extrinsische Motivation.[24] Sie beruht auf äußeren Reizen, die nicht aus der Aufgabe selbst kommen, die zu erledigen ist. Äußere Reize können eine Belohnung, eine Beförderung oder eine Anerkennung sein. Elemente der betrieblichen Versorgungssysteme können dazu einen erheblichen Beitrag leisten. Die Einrichtung eines Elements alleine wird aber vermutlich keinen sofort nachweisbaren Effekt haben. Implementiert in eine Mitarbeiter-Motivationsstrategie allerdings kommen sie zur Entfaltung. Es lohnt sich also, sich mit Mitarbeitermotivation zu beschäftigen.

Denn: *„Der größte Fehler ist vielleicht, sich überhaupt nicht darum zu kümmern. So verzichtet man auf das Potential, die Leistung um 30 Prozent oder mehr zu steigern."[25]*

---

[22] Maier, Prof.Dr. Günther W., Intrinsische Motivation, in: Gablers Wirtschaftslexikon online, https://wirtschaftslexikon.gabler.de.
/definition/intrinsische-motivation-41764, download am 2.9.2018.
[23] Stangl, W. (2018). Intrinsische Motivation. Lexikon für Psychologie und Pädagogik. http://lexikon.stangl.eu/1949/intrinsische-motivation/ download am 2.9.2018.
[24] Vgl. Stangl, W. (2018). Extrinsische Motivation. Lexikon für Psychologie und Pädagogik. http://lexikon.stangl.eu/1951/extrinsische-motivation/ download am 2.9.2018.
[25] Stajkovic, A. D. & Luthans, F. (1998). Self-efficacy and work-related performance: A meta-analysis. Psychological Bulletin, 124(2), 240-261.

08 Mitarbeiterbindung

Eine Frage, die sich jedes Unternehmen stellen sollte, lautet:
Was machen wir eigentlich, wenn Bayern München unsere (guten) Mitarbeiterinnen und Mitarbeiter anruft?
Sie wissen, was gemeint ist: der Rest der Bundesliga zittert, wenn die Manager vom FC Bayern, einen Spieler eines anderen Vereins anrufen. In dem Moment müssen sich Trainer, Sportvorstände und sonstige Verantwortliche schon was einfallen lassen, um einen Spieler zum Verbleib zu bewegen. Und die Vereine tun gut daran, sich schon im Vorfeld eine Taktik zu überlegen, was sie denn eigentlich für Argumente haben. Im Grunde gilt das für alle Unternehmen. Fluktuation ist teuer, wie wir oben gesehen haben. Gute Leute zu verlieren, besonders die in Schlüsselpositionen, kann einem Unternehmen nachhaltig schaden. Gerade kleinere und mittlere Betriebe sehen sich in der Konkurrenz zu den Großen. Von daher lohnt es sich in Mitarbeiterbindung zu investieren. Dabei gilt:
„Der Fisch fängt am Kopf an, gut zu riechen.“[26]
Zuerst steht die Entscheidung der Unternehmensführung, das Thema Mitarbeiterbindung zu leben und mit Inhalt zu füllen. Das ist auch notwendig. Denn seit etwa 2008 gehen jährlich mehr Menschen in den Ruhestand als gleichzeitig junge Menschen den Arbeitsmarkt nach Ausbildung oder Studium erreichen. Daraus folgt mindestens zweierlei: aus dem ehemaligen Arbeitgebermarkt wird ein Arbeitnehmermarkt. Und zweitens: es kann notwendiger werden, auch die älteren Mitarbeiter an sich zu binden. Wenn Mitarbeiterbindung gelebt werden soll, werden

---

[26] Wolf, Gunther, Mitarbeiterbindung, Freiburg 2013, S.27.

25

wohlformulierte Unternehmensleitsätze nicht reichen. Es kommt auf die Taten an. Und ob sie ehrlich sind. Wer glaubt, er müsse einfach nur einen Tischkicker aufstellen und einen Tankgutschein ausgeben, dann werde es schon gut sein, wird sich alsbald täuschen.

Mitarbeiterbindung und gleichermaßen auch die vorangegangene Mitarbeiterfindung werden zu einem Projekt im Unternehmen. Seit geraumer Zeit spricht man vom „Employer Branding". Es geht darum, sich als Arbeitgebermarke zu entwickeln. Wie wir gesehen haben, ist es eine demographische Tatsache, dass verstärkt die Mitarbeiter aussuchen können und werden, wo sie morgen arbeiten.

„Eine von uns befragte Führungskraft berichtete, dass Bewerbungsgespräche in ihrem Bereich mehr und mehr zu Werbegesprächen des Arbeitgebers um den Arbeitnehmer würden. Was denn das Unternehmen bieten würde, damit er ausgerechnet diese Stelle annehmen solle, werde ich immer häufiger gefragt."[27]

Sich diesen Herausforderungen zu stellen wird auch zunehmend Aufgabe von kleinen und mittleren Unternehmen. Es gibt keinen Grund, sich machtlos gegenüber Konzernen zu sehen. Es kommt darauf an, eine Story zu haben. Auf die Frage, welchen Tipp er für kleine und mittelständische Unternehmen habe, antwortete Nico Rose, Employer-Branding-Verantwortlicher bei Bertelsmann:

„Ich würde sie fragen: Welche Geschichten habt ihr zu erzählen? Welche Eigenheiten, Erfolgsgeschichten, vielleicht auch Schrulligkeiten, gibt es nur bei Euch? Mittelständler glauben oft, sie könnten aufgrund der finanziellen

---

[27] Schweitzer, Bossmann, a.a.O., S.26.

26

Einschränkungen nicht mit den „Großen" mithalten. Aber das trifft nur bedingt zu. "[28]

Es kommt also darauf an, seine Geschichte zu erzählen und mit machbarem Aufwand etwas zu bieten. Personalinstrumente aus dem Bereich der betrieblichen Versorgungssysteme können hierzu einen innovativen und bezahlbaren Beitrag leisten.

Teil 2: Betriebliche Altersvorsorge (bAV)

09 Definition, Historie und grundsätzlicher Aufbau

Der Begriff „betriebliche Altersvorsorge" (im Folgenden: bAV) lässt sich wie folgt beschreiben: betriebliche Altersvorsorge liegt immer dann vor, wenn ein Arbeitgeber einem Arbeitnehmer aus Anlass des Beschäftigungsverhältnisses eine Leistung zur Absicherung eines biometrischen Risikos[29] zusagt.

Solche Zusagen eines Unternehmens an seine Arbeitnehmer gibt es schon seit über 150 Jahren – wie z.B. bei der heutigen ThyssenKrupp AG. Sie war eine der ersten Arbeitgeber, die ihren Beschäftigten eine Alterssicherung zusagten.

---

[28] Burkhart, Steffi, Die spinnen die Jungen. Eine Gebrauchsanweisung für die Generation Y, Offenbach 2016, S.235.

[29] Mit einem biometrischen Risiko bezeichnet man im Versicherungswesen ein versicherbares Risiko, welches für das Leben und/oder den Lebensunterhalt eines Menschen (in der Versicherungssprache „versicherte Person" genannt) betrifft. Der Begriff stammt daher, dass sich die Biometrie neben der Vermessung des menschlichen Körpers auch mit der menschlichen Lebenserwartung befasst. Sie umfasst in der Welt der bAV das Risiko der Langlebigkeit, das der Invalidität und der Hinterbliebenenversorgung.

Das Gesetz, welches die betriebliche Altersvorsorge grundsätzlich regelt ist das „Gesetz zur Verbesserung der Betrieblichen Altersvorsorge (BetrAVG)" oder auch Betriebsrentengesetz aus dem Jahre 1974. Es definiert die betriebliche Altersvorsorge wie folgt:

„Werden einem Arbeitnehmer Leistungen der Alters-, Invaliditäts- oder Hinterbliebenenversorgung aus Anlass seines Arbeitsverhältnisses vom Arbeitgeber zugesagt (betriebliche Altersversorgung), gelten die Vorschriften dieses Gesetzes."[30]
Das Betriebsrentengesetz benennt 5 Durchführungswege:

- die Direktversicherung,
- die Pensionskasse
- den Pensionsfonds.
- die Unterstützungskasse und
- die Direktzusage (=Pensionszusage).

Weiterhin gibt es 3 Zusagearten[31]:

- die Leistungszusage (LZ),
- die beitragsorientierte Leistungszusage (BOLZ) und
- die Beitragszusage mit Mindestleistungen (BZML).

[30] Vgl. §1 Satz 1 BetrAVG.
[31] Vgl. §1 Abs.1+2 BetrAVG.

Seit dem 01.01.2018 ist Dank des Betriebsrentenstärkungsgesetzes (BRSG) noch eine weitere Zusageart neu dazu gekommen:

- die (reine) Beitragszusage (BZ),

jedoch kann diese ausschließlich bei den Sozialpartnermodellen verwendet werden.[32]
Zu den bereits genannten Merkmalen kommt noch die Finanzierungsform:

- die Arbeitgeberfinanzierung,
- die Mischfinanzierung und
- die Arbeitnehmerfinanzierung oder auch Entgeltumwandlung.

Der Hintergrund dieser Gesetzgebung war, dass schon 1974/75 das demographisch begründete Finanzierungsproblem der gesetzlichen Sozialkassen abzusehen war. Es sollten also steuerliche Anreize für die Arbeitgeber geschaffen werden, soziale Versorgungsleistungen der Arbeitnehmer aus Firmenvermögen zu finanzieren – auf rein freiwilliger Basis.
Diese Versorgungen wurden zunächst in dem auch heute noch verbreiteten Durchführungsweg zugesagt – der Direktzusage. Die Finanzierung lag hierbei ausschließlich beim Arbeitgeber. Ansprüche auf den Abschluss einer bAV seitens des Arbeitnehmers gab es zu dieser Zeit nicht.

---

[32] Zu den Durchführungswegen und Leistungsarten erfahren Sie mehr im Kapitel 10.

Am 01.01.2002 kam es mit der Änderung des §1a BetrAVG zu einem für die Arbeitgeberwelt einschneidenden Erlebnis: ab diesem Zeitpunkt war die betriebliche Altersvorsorge nicht länger ein Goodwill des Arbeitgebers, sondern ein Rechtsanspruch des Arbeitnehmers. Dieser konnte nun grundsätzlich von seinem Arbeitgeber die Umsetzung in einem versicherungsförmigen Durchführungsweg (Direktversicherung, Pensionsfonds und Pensionskasse, vgl. S.36) und eine Finanzierungsform, nämlich die Direktversicherung aus Entgeltumwandlung, von sich aus verlangen. Dies beflügelte die bAV von Neuem und viele Arbeitnehmer wandelten Teile Ihres Entgeltes ganz oder teilweise unversteuert und sozial unverbeitragt in Anwartschaften[33] auf zukünftige Leistungen für Ihre Alters-, Invaliden- und/oder Hinterbliebenenversorgung um.

In den folgenden Jahren beschloss die Politik kleinere Ergänzungen und Änderungen der ursprünglichen Gesetzestexte. Doch zum 01.01.2018 kam es in Form des „Betriebsrentenstärkungsgesetzes" (BRSG) sogar zu einer Art Revolution, bei der sogar grundsätzliche Regelungen überworfen und von Grund auf neu geschaffen wurden. Diese Entwicklung soll in der Betrachtung der Wege der bAV in den folgenden Kapiteln Berücksichtigung finden.

Die betriebliche Altersvorsorge hält in seiner oben kurz umrissenen Vielzahl an Möglichkeiten jede Menge Merkmale in Form steuer- und arbeitsrechtlicher Besonderheiten bereit. Drum prüfe wer sich ewig bindet, denn das Gesetz sagt es gleich zu Anfang sehr konkret: *„Die Durchführung der betrieblichen Altersversorgung kann unmittelbar über den Arbeitgeber oder über einen*

---

[33] eine Anwartschaft ist ein Recht, welches man auf zukünftige Leistungen erwirbt und deren Voraussetzung noch nicht erfüllt sind.

der in § 1b Abs. 2 bis 4 genannten Versorgungsträger erfolgen. Der Arbeitgeber steht für die Erfüllung der von ihm zugesagten Leistungen auch dann ein, wenn die Durchführung nicht unmittelbar über ihn erfolgt. "[34]

So kann aus einer gut gemeinten Idee zur Einrichtung einer bAV schnell eine Bugwelle aus Informationen, Organisation, Kosten und Haftung werden. Zum Glück überwiegen die positiven Eigenschaften und Chancen, die sich aus dem BetrAVG und BRSG ergeben. So kann die zu versorgende Person zuversichtlich in eine gesicherte Zukunft schauen.

Genau deshalb soll gezielt auf die Auswirkung der Gesetze zur betrieblichen Altersvorsorge in Hinblick auf die Vor- und Nachteile für alle am Prozess beteiligten Parteien (Arbeitgeber, Arbeitnehmer und Berater) eingegangen werden.

Ziel der folgenden Kapitel ist eine bAV Entscheidungsgrundlage für den Leser zu schaffen, mit deren Hilfe er sich zunächst in der Welt der bAV orientieren kann, um dann den für ihn und seine Belange richtigen Weg der betrieblichen Altersvorsorge zu finden.

Hierzu werden seitens der Autoren auf Basis ihrer praktischen Erfahrungen und mit rechtlichen Hintergründen belegt immer wieder auch Einschränkungen in der Variationsvielfalt gemacht und pragmatische Vorgehensweisen aufgezeigt.

---

[34] Vgl. §1 Abs.1 Satz 2+3 BetrAVG.

10 Die 5 Durchführungswege und ihre Produkte

Wie bereits im vorigen Kapitel beschrieben bietet das Betriebsrentengesetz (BetrAVG) fünf Durchführungswege an. Jeder dieser Wege hat eine Existenzberechtigung, da er sich in irgendeiner Weise von den anderen unterscheidet. Dies basiert zum einen auf der historischen Entwicklung der betrieblichen Altersvorsorge als solches und zum anderen auf der Veränderung unseres Steuersystems. Angefangen bei der Direktzusage in der Zusageart der Leistungszusage und als reine Arbeitgeber-Leistung, der ältesten Form der bAV, wurden im Laufe der Zeit weitere Durchführungswege und auch Zusagearten geschaffen. Mit dem Betriebsrentenstärkungsgesetz (BRSG) wurde zum 01.01.2018 ein sechster Weg bzw. eine weitere Sonderform der bAV ins Leben gerufen – das Sozialpartnermodell. Wie eingangs angekündigt handelt es sich hierbei um eine kleine Revolution in der bAV-Welt. Wurden vorher arbeitsrechtlich immer alle Arbeitnehmer durch das Betriebsrentengesetz gleichbehandelt, so wurde hier durch das BRSG eine Trennung von tarifgebundenen und nicht tarifgebundenen Unternehmen und deren Arbeitnehmern geschaffen. Während alle nicht tarifgebunden weiterhin dem Grundsatz des BetrAVG wie zuvor folgen, können die Tarifautonomien im gegenseitigen Einvernehmen davon in eigens festzulegender Weise abweichen. Das BRSG hat jedoch auch Auswirkungen auf die Bestimmungen des BetrAVG, welches die nicht tarifgebundenen Arbeitnehmer betrifft. Hierfür seien nur einige Beispiele genannt.[35]

---

[35] Zur vollständigen Betrachtung:

32

Ein positives Beispiel ist die Erhöhung des steuerlichen Freibetrages für die Durchführung mittels Direktversicherung, Pensionskasse und Pensionsfonds von bis zu 4% der Beitragsbemessungsgrenze (BBG[36]) auf nun 8%. Oder die Einführung einer Pfändungsfreigrenze für die Rentenphase. Eine weitere Änderung, welche allerdings zwiespältig zu betrachten ist, stellt die Einführung der reinen Beitragszusage als neue, vierte Zusageart dar. Sehr kritisch wird diskutiert, ob diese nun Fluch oder Segen ist. Sie setzt das zugesagte Garantiekapital des Versicherten auf mindestens 0 Euro fest – bei den anderen drei Zusagearten waren das garantierte Minimum immer die Summe der eingezahlten Beiträge oder sogar noch ein Zinsversprechen obendrauf. Die Garantie des Arbeitnehmers wurde also quasi abgeschafft. Dafür soll dann der Versicherungsträger in seiner Beschränkung, durch die von ihm zu haltenden Garantien entlastet werden und so die Möglichkeit erhalten, effektiver mit den Beiträgen der versicherten Personen zu wirtschaften und so mehr Zins erzielen zu können – so die Theorie.

Doch egal welche Änderungen es bisher gegeben hat, der Effekt daraus war immer, die vom Gesetzgeber geschaffenen steuer-

---

-Arbeitgeber und Arbeitnehmer können sich nach § 24 BetrAVG auf die Anwendung tariflichen Regelungen vereinbaren.

- Ein Ausschluss von nicht tarifgebundenen Arbeitnehmern aus dem Sozialpartnermodell ist nach § 21 Abs. 3 Satz 1 BetrAVG nicht zulässig.

- Die abweichenden Regelungen im Tarifvertrag können auch bei nicht tarifgebundenen Arbeitnehmern angewendet werden, wenn diese sich mit dem Arbeitgeber nach § 19 Abs. 2 BetrAVG darauf einigen.

[36] Die Beitragsbemessungsgrenze ist eine Bezugs- bzw. Rechengröße im deutschen Sozialversicherungsrecht. Sie legt fest, bis zu welchem Betrag das Arbeitsentgelt oder die Rente eines gesetzlich Versicherten für Beiträge der gesetzlichen Sozialversicherung herangezogen wird. Es gibt dabei zwei verschiedene BBG Bereiche – die für Renten- und Arbeitslosenversicherung und die für Kranken- und Pflegeversicherung. Für die bAV gilt die BBG der allgemeinen Rentenversicherung (West). Im Jahr 2018 beträgt diese 78.000€ pro Jahr. Diese Grenze ist dynamisch und wird jedes Jahr angepasst.

lichen Vorteile für Arbeitgeber und Arbeitnehmer zu erweitern, um eine zusätzliche, soziale Absicherung der Arbeitnehmer aufzubauen.

Auch für den geschäftsführenden Gesellschafter bietet die bAV schon von je her Anreize und Möglichkeiten der steuerlich begünstigten Versorgungsergänzung für sich selbst. Dies ist allerdings ein in sich so komplexes Gebiet, dass es hier nicht vertieft werden kann und Anspruch auf ein eigenes Buch hat[37].

Das vorliegende Buch hat den Anspruch, dem Leser ein Grundverständnis für die beschriebenen Themen zu vermitteln und ihn in die Lage zu versetzen, ein für ihn geeignetes System der betrieblichen Versorgung zusammenzustellen – bis hin zur Produktwelt. Um hierfür einen ersten Schritt in der bAV zu machen, soll die folgende Tabelle einen Überblick über die verschiedenen Durchführungswege bezogen auf die wichtigsten rechtlichen und steuerlichen Parameter bieten.

Die Regelungen zum Betriebsrentenstärkungsgesetz finden in dieser Tabelle keine Berücksichtigung. Grund hierfür ist die noch unklare Bedeutung des neuen Gesetzes für die bAV Welt. Da die Tarifparteien jedwede Bestimmung in ihren Tarifverhandlungen sogar gegen das Gesetz festlegen können und es zurzeit noch keine neuen Tariflösungen gibt, bleibt deren Auswirkung abzuwarten.

---

[37] Siehe auch: Meissner, H., Veh, C., Leitfaden bAV: Die GGF- Versorgung Kompakt-wissen für die Praxis, 2018.

34

	Direktversicherung	Pensionsfonds	Pensionskasse	Unterstützungskasse	Direktzusage
Rechtsanspruch	ja	ja	ja	nein	nein
Bilanzrückstellungen	nein	nein	nein	nein	ja
Sozvers.*Befreiung bei AN Finanzierung	bis 4% der BBG	bis 4% der BBG	bis 4% der BBG	bis 4% der BBG	bis 4% der BBG
Sozvers.Befreiung bei AG Finanzierung	bis 4% der BBG	bis 4% der BBG	bis 4% der BBG	ja unbegrenzt	ja unbegrenzt
Steuerfreiheit i.d. Anwartschaft	bis 8% der BBG	bis 8% der BBG	bis 8% der BBG	unbegrenzt	unbegrenzt
PSV a.G.* Pflicht	nein¹	ja	nein	ja	ja
einfaches Handling	ja	ja	ja	Komplexe steuerliche Vorgaben	Betreuung erforderlich
nur im 1.Dienstverhältnis möglich	ja	ja	ja	nein	nein
Rückdeckung/Finanzierung	Beitrag	Beitrag	Beitrag	Zuwendung Rückdeckung	nicht festgelegt
Riester möglich	ja	ja	ja	nein	nein
Versicherungsaufsicht	ja	ja	ja	nur für RDV	nein

*Sozvers. = Sozialversicherung   *PSV a.G. = Pensionssicherungsverein auf Gegenseitigkeit

¹ PSV- Pflicht bei Abtretung, Beleihung oder widerruflichen Bezugsrecht

35

Auffallend an der Tabelle ist, dass sich die ersten drei Durchführungswege, die sogenannten versicherungsförmigen, dabei fast gar nicht unterscheiden. Dies war bis zum 31.12.2004 anders. Vorher gab es unter diesen Dreien deutliche Unterschiede. Auf die Merkmale der Vergangenheit soll hier aber nicht weiter eingegangen werden. Sie wurden mit der Änderung des Einkommensteuergesetzes mit Wirkung zum 01.01.2005 annähernd gleichgeschaltet. Nur der Pensionsfonds nimmt innerhalb dieser Gruppe noch eine gewisse Sonderrolle ein, da für die diesen Weg nutzenden Arbeitgeber die Verpflichtung besteht, die Anwartschaften der Arbeitnehmer beim Pensionssicherungsverein a.G. abzusichern.

Bei den ersten drei Wegen der Umsetzung einer bAV entstehen die Leistungsansprüche in der Auszahlung immer unmittelbar zwischen dem Versicherungsträger und der versicherten Person, also in der Regel dem Arbeitnehmer. Es handelt sich bei ihnen, wie der Name auch sagt, immer um eine Art Versicherung, die das Kapital während der Anwartschaftsphase innehat und dann später an den zu Versorgenden auszahlt.

Dagegen stehen die Direktzusage (DZ) und die Unterstützungskasse (UK) als nicht versicherungsförmige Umsetzungswege. An dieser Stelle sei bemerkt, dass in diesem Buch immer nur die kongruent rückgedeckte Version der UK gemeint ist. Kongruente Deckung bedeutet in diesem Zusammenhang, dass die garantierten Leistungen des zu Versorgungen zu jeder Zeit gleichwertig durch die Garantiewerte einer Versicherung gedeckt sind. Es gibt noch die pauschal dotierte Unterstützungskasse, aber da diese für die Thesen und Schlussfolgerungen eher eine Nischenrolle bildet, wird sie nicht weiter in Betracht gezogen. Die DZ bezeichnet man auch als den unmittelbaren Weg der bAV, da der Leistungsanspruch des zu Versorgenden hier immer

36

direkt gegenüber der zusagenden Firma und unabhängig von der Rückdeckung der Zusage gilt. Bei den drei versicherungsförmigen Durchführungswegen und der Unterstützungskasse, wo der Leistungsanspruch gegenüber dem Versicherungsträger bzw. bei der UK gemäß BetrAVG[38] gegenüber dem Arbeitgeber besteht, handelt es sich also um mittelbare Wege.

Zum Entscheidungsprozess über eine bAV müssen zwei Dinge vorab klargestellt werden.

1. Es kommt bei der korrekten Installation einer betrieblichen Versorgung zunächst nicht auf das Produkt, sondern erstmal auf das richtige System an. Das soll bedeuten, dass sich ein Arbeitgeber zunächst genau überlegen sollte, was er mit der Einrichtung erreichen will und welchen Aufwand, Risiken und Kosten er in Kauf zu nehmen bereit ist. Zusätzlich muss man sich über die steuer- und arbeitsrechtlichen Bedingungen und Konsequenzen klarwerden. Dazu empfehlen wir zwingend die Konsultation von Experten. Dies können Juristen, Steuerberater, Rentenberater oder andere Berater mit entsprechender Qualifikation sein.

2. Es ist dann die Auswahl des zum System passenden Durchführungsweges mit der Auswahl des passenden Produktes von Nöten. Zu jedem Durchführungsweg bieten die Produktanbieter diverse Tarife in den unterschiedlichsten Ausgestaltungen an. Die Tarifgestaltung der Anbieter dieser Produkte soll hier aber nicht im Fokus stehen – es ist die Gestaltung des bAV-Systems selbst, dass die qualitativ hochwertige Umsetzung bedeutet. Das Produkt ist am Ende nur das Finanzierungsprodukt der arbeitsrechtlichen Verpflichtung.

---

[38] Vgl. §1 Abs.1 S.3 BetrAVG.

37

Dennoch sei erwähnt, dass es zwischen den einzelnen Produktanbietern und deren Produkten enorme Kosten- und Leistungsunterschiede gibt. Auch hier ist der Kunde gut beraten, sich Spezialisten oder Experten für die bAV dazu zu holen, um einen qualitativen Marktüberblick zu erhalten.

Aus Sicht der bAV-Praxis für die Bereiche „Einrichtung einer Belegschafts– oder Geschäftsführerversorgung" werden in den folgenden Kapiteln aus dieser Vielzahl von Kombinationsmöglichkeiten nur die Direktversicherung[39] und die Pensionszusage[40] betrachtet. Mit diesen beiden können nach Einschätzung der Autoren nicht nur 95% aller Kundenwünsche, sondern gleichzeitig auch 100% aller rechtlichen Anforderungen abgedeckt werden.

11 Vorteile für Arbeitgeber und Personaler

Arbeitgeber und Personaler haben zahlreiche Vorteile durch die Einführung der betrieblichen Altersversorgung (bAV) im Unternehmen. Diese können sich aufgrund verschiedener Interessenslagen einer Firma sehr unterschiedlich darstellen. Zudem betrachten wir aus den vorausgehend genannten Gründen nur die Durchführungswege Direktversicherung und Direktzusage. Diese beiden sind die am weitest verbreiteten. So kann die folgende Auflistung nur einen Überblick über mögliche Vorteile der Einrichtung eines bAV Systems für das

---

[39] nach §3 Nr. 63 EStG.
[40] nach §6a EStG.

38

Unternehmen geben. Sie erhebt keinen Anspruch auf Vollständigkeit.

Abgabenersparnis (Sozialabgaben)

Der Arbeitgeber profitiert von den Ersparnissen bei den Sozialversicherungsabgaben. Bei Arbeitgeber-Finanzierungen sind die Zuwendungen bei der Direktversicherung bis zu 4% der BBG (max. 260 Euro mtl. in 2018) und bei der Direktzusage in unbegrenzter Höhe von den Sozialabgaben befreit.

Wandelt ein Arbeitnehmer Entgelt in eine bAV um, so spart der Arbeitgeber ebenfalls Sozialabgaben. Hier ist die Höhe bei beiden Durchführungswegen jeweils auf 4% der BBG begrenzt. Diese Ersparnisse, welche ohne bAV als Abgaben abzuführen wären, können vom Arbeitgeber als Zuschuss genutzt werden. Hierdurch entstehen dann keine Mehrkosten im Vergleich zu vor der Umwandlung in eine bAV.

Steuerliche Vorteile

Aufwendungen zur bAV seitens des Unternehmens (Arbeitgeber-Zuschuss oder Arbeitgeber-Finanzierung) sind als Betriebsausgaben absetzbar.

Mehr Liquidität

Wie soeben beschrieben erzielen Arbeitgeber durch die Senkung der Lohnnebenkosten finanzielle Vorteile. Abhängig von der Unternehmensgröße können diese Einsparungen mehrere zehntausend Euro im Jahr betragen. Entscheidend für die Höhe ist dabei die Durchdringungsquote in der bAV, also wie viel Prozent der Belegschaft das bAV Angebot des Unternehmens umsetzen.

Der Arbeitgeber als Marke oder auch Employer Branding

Wie in den einleitenden Kapiteln ausführlich beschrieben, befinden wir uns bereits in einem Engpass aus Mitarbeiterfindung und -bindung, der sich durch die demographische Entwicklung noch weiter verstärken wird. Fachkräfte werden nicht nur das Gehalt, sondern auch darüber hinaus gehende Leistungen des Arbeitgebers zur Arbeitsplatzentscheidung heranziehen.

Zu diesen gehört auch ein attraktives bAV-System, welches den Arbeitnehmer mittels angemessener Zuschüsse vom Unternehmen bei seinem Weg in einen gesicherten Ruhestand effektiv unterstützt.

Zur Verstärkung dieses Effektes sollte der Arbeitgeber unseren Erfahrungen nach seinen Mitarbeitern eine persönliche, individuelle Beratung während der Arbeitszeit und durch einen spezialisierten bAV-Berater zukommen lassen. Dies hebt die Wertigkeit der Maßnahme und verstärkt die Markenbildung als sozialer Arbeitgeber.

Aus den Sozialabgabenersparnissen des Unternehmens[41] kann zusätzlich ein Teil für Personalinstrumente wie bAV oder die betriebliche Krankenversicherung (bKV) zur Verfügung gestellt werden. So können Themen wie Mitarbeiterbindung, Weiterbildung und Mitarbeitergewinnung gezielt unterstützt werden, ohne zusätzliche Mittel dafür aufzuwenden. Die Kapitel zur betrieblichen Krankenversicherung werden diese Aspekte vertiefend aufgreifen und das Thema „der Arbeitgeber als Marke" vertiefen. Die bKV ist als modernes und bisher wenig verbreitetes Personalinstrument hierzu besonders geeignet.

---

[41] Die Sozialversicherungsersparnis sinkt gemäß BRSG ab 2019 für neue Verträge und ab 2022 auch für Bestandsverträge in der Entgeltumwandlung um die dann verpflichtenden 15% AG Zuschuss (nur bei DV, PK, PF).

Werte und Loyalität

Ein klares Leitbild und Werte im Unternehmen treffen nur bei zufriedenen Mitarbeitern auf Zuspruch. Die Mitarbeiter identifizieren sich mit dem Unternehmen, wenn ihre Erwartungshaltungen an einen guten Arbeitgeber erfüllt sind. Natürlich wird die bAV nicht der Hauptgrund für zufriedene Mitarbeiter sein. Aber sie bildet ein Teilstück der gesamten Arbeitgeber-Leistung in einem Unternehmen ab.

Es gilt: umso zufriedener der Arbeitnehmer ist, desto mehr identifiziert er sich mit den Werten und dem Leitbild des Unternehmens und desto loyaler ist er diesem gegenüber eingestellt. Dies erhöht seine Bindung ans Unternehmen und macht ihn resistenter gegen die Abwerbeversuche der Mitbewerber.

Organisatorische Entlastung

Ein gut strukturiertes, in einer Versorgungsordnung[42] rechtlich festgelegtes bAV System, welches von einem Spezialisten betreut wird, der auch die Beratungen der Mitarbeiter durchführt, erspart dem Arbeitgeber einen Großteil des organisatorischen Aufwandes in der bAV. Hierdurch wird vor allem die Personalabteilung von der Verwaltung der bAV entlastet und kann sich auf ihre Kernaufgaben konzentrieren.

Weitere Vorteile

Aus den Änderungen des BetrAVG zum 01.01.2018 ergeben sich zu den im Kapitel 10 bereits erwähnten grundsätzlichen Vorteilen noch weitere für Arbeitgeber und Arbeitnehmer.

---

[42] Eine Versorgungsordnung (VO) ist eine arbeitsrechtliche, selbständige Ergänzung des Arbeitsvertrages und regelt die Bestimmungen zur bAV und bKV. Vgl. Meissner, H., Berger, U., Wörner, F., Leitfaden BAV - Die Versorgungsordnung, 2016.

Sie sind nicht allgemein gültig und hängen z.B. von der Tarifsituation des Unternehmens ab. [43]

Dieses Praxishandbuch soll einen grundlegenden Einblick zur Einrichtung eines Systems betrieblicher Vorsorge bieten. Die Ideensammlung und die Anleitung zur Umsetzung stehen hier ganz klar im Fokus.

Zur vertiefenden Auseinandersetzung und Abwägung empfehlen wir ein fachlich orientiertes Buch mit Schwerpunkt auf der Theorie zur betrieblichen Altersvorsorge.[44]

Fazit: in einer sich stetig erweiternden Welt der betrieblichen Versorgung findet jeder Arbeitgeber seinen Grund, die bAV als modernes Personalinstrument einzuführen oder auf den neuesten Stand der Gesetze zu bringen. Dies wird für ihn persönlich und auch für sein Unternehmen mit diversen Vorteilen belohnt.

Steuervorteile, Rechtssicherheit, organisatorische Entlastung, Erfüllung der gesetzlichen Auflagen und vor allem zufriedene Arbeitnehmerinnen und Arbeitnehmer sind die erwünschten Folgen eines gut gemachten bAV Systems.

---

[43] Vgl. Meissner, H., Kisters-Kölkes, M., Linden, R., Friedrich, K., Leitfaden bAV: Betriebsrentenstärkungsgesetz (BRSG): Ein Kurzkommentar, 2018.
[44] Vgl. Buttler, A., Keller, M., Einführung in die betriebliche Altersversorgung – 19. Oktober 2017.

12 Vorteile für Arbeitnehmer und Betriebsräte

Neben dem Unternehmen haben auch die Arbeitnehmer und ihre Interessensvertreter diverse Vorteile aus einer bAV. Diese sollen in der folgenden Aufzählung benannt und näher beleuchtet werden.

Effizientes Sparen
Jeder Arbeitnehmer hat seit dem 01.01.2002 einen Rechtsanspruch auf bAV und kann hier mit einem geringen Aufwand seine Versorgungslücke im Alter deutlich reduzieren. Denn wie der Arbeitgeber hat auch der Arbeitnehmer Vorteile bei Steuern und Sozialabgaben, wenn er in eine bAV einzahlt. Je nach persönlichem Steuersatz und Sozialversicherungsstatus können die staatlichen Zuschüsse mehrere tausend Euro pro Jahr ausmachen.

Abgabenersparnis (Sozialabgaben)
Der Arbeitnehmer profitiert von den Ersparnissen bei den Sozialversicherungsabgaben. Bei Arbeitgeber-Finanzierungen sind, wie schon bei der Betrachtung der Arbeitgeber-Vorteile beschrieben, die Zuwendungen bei der Direktversicherung bis zu 4% der BBG (max. 260 Euro mtl. in 2018) und bei der Direktzusage in unbegrenzter Höhe von den Sozialabgaben befreit.
Wandelt ein Arbeitnehmer Entgelt in eine bAV um, so spart er Sozialabgaben. Hier ist die Höhe für beide Durchführungswege jeweils auf 4% der BBG begrenzt.

Steuerliche Vorteile

Der Arbeitnehmer genießt in der bAV umfangreiche Steuervorteile. So ist die Höchstgrenze für die steuerliche Befreiung in der Direktversicherung in diesem Jahr gerade auf 8% der BBG angehoben worden. Dies bedeutet in 2018 einen steuerfreien Sparbeitrag von bis zu 520 Euro mtl. – egal ob durch Entgeltumwandlung oder durch Arbeitgeber-Finanzierung. In der Direktzusage ist diese Grenze sogar komplett aufgehoben und der steuerliche Freibetrag unbegrenzt.

Weitere Vorteile

Ähnlich wie bei den Arbeitgebern bieten das BetrAVG und das BRSG noch weitere Vorteile für den Arbeitnehmer, sich mit der bAV sicher und sehr effizient einen Teil der Altersvorsorge aufzubauen.

Im Zuge der Einführung des BRSG wurden die Möglichkeiten der Einwirkung von Betriebsräten und Gewerkschaften auf eine Gestaltung der bAV massiv erweitert. Das Sozialpartnermodell trägt das Thema bAV von der Ebene der Gesetzgebung nunmehr über die Gewerkschaften bis auf den Verhandlungstisch zwischen Unternehmer und Arbeitnehmervertretung in den Betrieb.

Da auch hier die Voraussetzungen sehr unterschiedlich sind, werden wir an dieser Stelle nicht weiter darauf eingehen und empfehlen dazu das Lesen eines separaten Fachbuches mit Schwerpunkt auf den Arbeitnehmervorteilen und dem BRSG.[45]

---

[45] Vgl. Kablitz, F., Rauch, M., Vorteile einer betrieblichen Altersvorsorge für den Arbeitnehmer, Norderstedt 2015 oder Droßel, W., Das neue Betriebsrentenrecht: Betriebsrentenstärkungsgesetz und Umsetzung der Mobilitätsrichtlinie, Baden-Baden, 2017.

Fazit: Die betriebliche Altersversvorsorge war und ist der vom Staat am stärksten geförderte Weg zur Altersversorgung für Arbeitnehmerinnen und Arbeitnehmer. Mit dem Betriebsrentenstärkungsgesetz aus dem Januar 2018 hat der Gesetzgeber dies deutlich herausgestellt und noch verstärkt.

13 Vorteile für den Berater

Nachdem wir auf die Vorteile der bAV für Arbeitgeber und Arbeitnehmer eingegangen sind, sollen die kommenden Zeilen den Vorteilen der Beraterwelt gewidmet sein.

Sie sind es schließlich, die die Themenwelt der betrieblichen Altersvorsorge mit ihren Produkten nach draußen tragen und an die Arbeitnehmerin bzw. den Arbeitnehmer, sowie die geschäftsführenden Gesellschafter bringen. Dies tun sie mit großem und stetig wachsendem Erfolg. Bis zum 31.12.2016 betrug die Summe aller Deckungsmittel über alle Durchführungswege rund 593,8 Mrd. Euro[46] – Tendenz weiter steigend.

Die bAV wird dank ihrer stetig ausgebauten steuerlichen und sozialen Förderung durch unsere Gesetzgebung nicht nur bei Arbeitgebern und Arbeitnehmern immer beliebter – auch bei den Beratern. Hierfür gibt es viele gute Gründe.

---

[46] Vgl. https://www.aba-online.de/news/27/b-entwicklung-der-deckungs-mittel-in-der-betrieblic.html , Veröffentlichung vom 30.07.2018.

Weniger Konkurrenz

Für die echten Experten des bAV Beratermarktes gibt es weniger Konkurrenz als z.B. im Privatkundengeschäft. Hier geht es um Spezialisierung, Expertenwissen und praktische Erfahrung. Dies haben auch die Unternehmen erkannt und wenden sich immer mehr an freie, spezialisierte Berater als an ihren Haus- und Hofberater. Auch Nachweise über eine Qualifizierung spielen für die Wahl des richtigen Abwicklungspartners immer mehr eine Rolle.

Akquise mit Multiplikationsfaktor

Oft braucht der Berater im Privatkundengeschäft ähnlich lange für die Akquise wie er für die eines gewerblichen Neukunden für das Thema bAV benötigt. Doch der Multiplikationseffekt ist durch das Verhältnis eines Privatkunden zu einer ganzen Belegschaft eindeutig auf der Seite der bAV. Dies bedeutet eine effektivere Nutzung seiner Arbeitszeit und somit im Normalfall auch mehr Umsatz.

Win-Win-Win

Wenn ein Betrieb eine bAV einrichten möchte, um seine Mit-arbeiter darüber stärker an sich zu binden und zu motivieren, benötigt er - wie schon angesprochen - einen Fachmann. Dieser berät dann alle Arbeitnehmer und kann so gute Umsätze für sein Unternehmen erzielen. Durch eine gute Arbeit des Beraters bekommt der Arbeitnehmer ein gutes bAV System mit den bereits genannten Vorteilen für sich. Der Arbeitgeber hat einen geeigneten Abwicklungspartner gefunden, konnte ein gutes System für seine Arbeitnehmer einrichten und hat auch noch weniger organisatorischen Aufwand. Eine klassische Win-Win-Win-Situation ist entstanden, die keiner der Beteiligten gerne

46

aufgeben möchte. Aus den praktischen Erfahrungen der Autoren lässt sich ableiten, dass zufriedene Gewerbekunden treuer sind als Privatkunden. Sie wollen nicht dauernd den Berater oder das bAV System wechseln, sondern bieten Loyalität gegen Qualität.

Kontinuität und Neuakquise

Grundsätzlich kann der Berater in der bAV auch nach der Erstberatung der Arbeitnehmer von einem kontinuierlichen Geschäft ausgehen. Hierbei helfen ihm die Einstellung neuer Mitarbeiter genauso wie die Fluktuation. Wenn ein Arbeitnehmer den Arbeitgeber wechselt, hat er zumindest in den versicherungsförmigen Durchführungswegen ein Anrecht darauf, seinen Vertrag mitzunehmen. Ein Experte hat nun die Chance auch den neuen Arbeitgeber von seinen Dienstleistungen zu überzeugen und einen neuen bAV-Kunden zu gewinnen.

Betreuungshonorare

Die Leistungs- und Servicewünsche[47] der Unternehmen gehen oft über das gesetzlich festgelegte Betreuungsmaß[48] hinaus. Übernimmt ein Berater diese Aufgaben, kann er für diese von der Beratung und Vermittlung unabhängigen Arbeiten zusätzliche Serviceentgelte in Form von Honoraren abrechnen.

---

[47] Wie z.B. Unterstützung bei Verwaltung und Organisation der Verträge zur bAV
[48] Vgl. § 1 Grundsatz ff. VersVermV - Verordnung über die Versicherungsvermittlung und -beratung (Versicherungsvermittlungs-verordnung).

Cross-Selling

Berater mit guten Fähigkeiten in der bAV und gelebtem Servicegedanken bekommen vom Unternehmen oft die Chance, auch andere Bereiche abzudecken. Hier sind z.b. die betriebliche Krankenversicherung (bKV), die Geschäftsführerversorgung, das Gewerbesachgeschäft oder auch die Option der Privatberatung der Arbeitnehmer zu nennen.

Natürlich hat die bAV auch Nachteile für den Berater wie z.B. das umfangreiche, organisatorische Antragsmanagement oder die fachlich anspruchsvolle Dokumentation der Prozesse. Dazu kommen dann noch mögliche Serviceerwartungen des Arbeitgebers auf Unterstützung in Form von Beratungsgesprächen in den Räumen der Firma anstatt im Büro des Beraters oder die Digitalisierung der Unterlagen aus dem Beratungsprozess. Ob die bAV ein guter Markt für einen persönlich ist, muss jeder Berater anhand seiner Struktur, seines Wissenstandes und seiner bereits gemachten praktischen Erfahren selbst für sich abwägen.

Fazit: die Vorteile überwiegen auch für den Berater und so steigt der Anteil des Neugeschäftes der weiter in Richtung bAV. Gemäß „AssCompact AWARD – Betriebliche Altersversorgung 2017" spielte in 2012 die bAV für 47% aller Vermittler eine wichtige Rolle in ihrer Umsatzverteilung. 2017 waren es schon 58%.[49]

---

[49] Vgl. AssCompact Juli 2017, S. 13 Abs.2.

14 Arbeitsrecht und bAV

Die arbeitsrechtlichen Bestimmungen zur betrieblichen Altersvorsorge bei einem Arbeitnehmer und arbeitnehmerähnlichen Berufsstatus wie z.B. Freelancer werden im Kern durch das Betriebsrentengesetz (BetrAVG) und das neuen Betriebsrentenstärkungsgesetz (BRSG) geregelt.

Dabei geht es immer darum, dass ein Arbeitgeber einem Arbeitnehmer eine Zusage auf eine biometrische Leistung macht und dies durch ein Dienstverhältnis veranlasst ist[50] oder es sich um einen für das Unternehmen tätigen Nichtarbeitnehmer[51] handelt.

Daraus resultiert die grundsätzliche Pflicht des Arbeitgebers für die von ihm zugesagten Leistungen in jedem Falle einzustehen – z.B. auch wenn der gewählte Versicherungsträger insolvent gehen würde.[52] Das ist wohl die weitreichendste Pflicht des Arbeitgebers: er haftet für alles rund um die arbeitsrechtliche Zusage. Das bedeutet er muss von der Zusage bis zu ihrer Erfüllung nicht nur alle arbeitsrechtlichen, sondern auch steuerrechtlichen Gesetze, sowie viele mehr befolgen. Hier eine kleine Zusammenfassung, der in der bAV zur Anwendung kommenden Gesetze:

- EU-Recht
- Grundgesetz
- Bürgerliches Gesetzbuch

---

[50] Vgl. §1 BetrAVG.
[51] Vgl. §17 BetrAVG.
[52] Vgl. § 1 Abs.1 S.3.

- Betriebsrentengesetz
- Betriebsrentenstärkungsgesetz
- Einkommenssteuergesetz
- Sozialgesetzbuch
- Alterseinkünftegesetz
- Gesetz über die Zertifizierung von Altersvorsorgeverträgen
- Arbeitsentgeltverordnung
- Betriebsverfassungsgesetz
- Körperschaftsteuergesetz
- Tarifvertragsgesetz
- Allgemeines Gleichbehandlungsgesetz
- Tarifvertragsgesetz
- Versicherungsaufsichtsgesetz
- Versicherungsvertragsgesetz
- Nachweisgesetz

Zum Glück sind das für den Unternehmer keine Unbekannten – sie müssen bei der schriftlichen Begründung eines Arbeitsverhältnisses[53] und dessen Umsetzung auch beachtet werden. Ergo kommt für die bAV nur das BetrAVG und das BRSG hinzu.

All diese Gesetze regeln das gesetzliche Außenverhältnis der Arbeitgeber-Arbeitnehmer-Beziehung.

Für die Regelung des Innenverhältnisses von Arbeitgeber zu Arbeitnehmer, ist dem Unternehmen die schriftliche Festlegung

---

[53] Vgl. §611 ff BGB.

der Umsetzung für ihr bAV System in Form einer Versorgungsordnung (VO) zu empfehlen. Die VO regelt z.B. Folgendes:

- wer erhält,
- was,
- unter welchen Voraussetzungen,
- von wem,
- ab wann,
- und wie lange?

Sind diese geregelt und niedergeschrieben, werden sie offiziell von einem Vertretungsberechtigten des Unternehmens unterschrieben und somit ein ergänzender Teil des Arbeitsvertrages speziell für die bAV.

Wie man dem Kapitel „30 Arbeitsrecht und bKV" dieses Buches entnehmen kann, betrifft das genauso auch andere Versorgungszusagen des Arbeitgebers wie zum Beispiel die der bKV. In dem Kapitel werden die gleichfalls auf die bAV zutreffenden und die Notwendigkeit einer VO bestätigenden Themen „betriebliche Übung" und „Gruppenbildung" behandelt.
Die häufig getroffene Annahme der Unternehmen, sie haben bereits arbeitsrechtliche Bestimmungen in Form eines Gruppenvertrages geschlossen, basiert auf einer Fehlannahme. Diese Gruppenverträge (oder auch Kollektivverträge genannt) regeln lediglich das Vertragsverhältnis zwischen dem Arbeitgeber und dem Versorgungsträger bzw. dem Versicherer und haben

zunächst keinerlei Auswirkungen auf das arbeitsrechtliche Verhältnis von Arbeitgeber zu Arbeitnehmer.

Dennoch muss diesen aus zwei Gründen Beachtung geschenkt werden:

1. Wie in jedem Vertragsverhältnis so sind auch in Kollektivverträgen Rechte und Pflichten geregelt. Es lohnt sich also für den Arbeitgeber genau hinzusehen, welche Rechte er gegenüber dem ausgewählten Ver-sicherer hat und vor allem welche Pflichten. Hier können ihn auch außerhalb von BetrAVG und Co. zusätzliche Pflichten und somit auch Haftungsrisiken entstehen.

2. Kollektivverträge regeln für den Arbeitnehmer nicht nur einen möglichen Rabatt seitens des Versicherers sondern vor allem die Zugangsvoraussetzungen in einen dort definierten Vertrag. Dies könnten z.B. bestimmte Gesundheitsfragen bei Einschluss biometrischer Risiken sein oder auch Altersbegrenzungen.

Die arbeitsrechtlichen Verpflichtungen einer Zusage im Rahmen der betrieblichen Versorgung eines Arbeitnehmers sind der Dreh- und Angelpunkt für das Gelingen eines bAV-Systems. Hier sollte unbedingt sach- und fachkundiger Rat eingeholt werden. Wie immer in der bAV sind spezialisierte Dienstleister zu empfehlen. Denn nicht zwingend kennt sich ein Jurist mit Schwerpunkt Arbeitsrecht auch im BetrAVG und BRSG aus. Dies gilt umso mehr bei der Wahl des richtigen Beraters. Er sollte seine Kompetenzen und seine rechtlichen Grenzen in der Beratung zur bAV kennen.

Wird das in der Konzeptionsphase bedacht, dann wird auch der arbeitsrechtliche Aufwand und die Haftung für den Arbeitgeber überschaubar sein und bleiben.

15 Steuerrecht und bAV

Das Steuerrecht ist der zweite wichtige Rechtsbereich und hat mindestens so viel Tragweite wie das Arbeitsrecht. Beide wirken auch bedingend aufeinander ein. So könnte z.B. eine fehlerhafte arbeitsrechtliche Zusage bei einer Direktzusage zu einem nachträglichen und zukünftigen Verlust aller Steuervorteile für das Unternehmen führen. Auch hier sind Aufmerksamkeit und wieder einmal fach- und sachkundige Unterstützung gefordert. Doch wie sich schon erahnen lässt, reicht ein sachkundiger Steuerberater alleine nicht zur richtigen Einrichtung und zum Betrieb einer bAV aus. Er muss sich im Idealfall mit dem Juristen und dem Berater koordinieren. Nur dann wird die Einhaltung der arbeitsrechtlichen Bestimmungen mit den nun folgenden steuerrechtlich relevanten Gesetzen einhergehen.

Die wichtigsten Regelungen zur bAV in Sachen Steuer enthält das Einkommensteuergesetz (EStG). Hier sind auch die Grundlagen für unsere favorisierten Durchführungswege[54] zu finden:

---

[54] Die anderen drei Durchführungswege werden nicht weiter beachtet. Bei Bedarf vgl. Cerny, S., Die Besteuerung der betrieblichen Altersversorgung: Vergleichende Analyse der fünf Durchführungswege, Saarbücken 2012 oder Buttler, A., Keller, M., Einführung in die betriebliche Altersversorgung, Karlsruhe 2017.

1. Für den versicherungsförmigen Durchführungsweg der *Direktversicherung* greift seit dem 01.01.2005 der §3 Nr. 63 EStG[55]. Hier sind die steuerlichen Grenzen für Entgeltumwandlung und Arbeitgeber-Finanzierung gleich und wie folgt:

Der steuerfreie Betrag für die Einzahlungen in der Anwartschaftsphase[56], welcher aktuell 8% der BBG (West) beträgt, beläuft sich somit für das Jahr 2018 auf bis zu 6.240 Euro pro Jahr oder monatlich bis zu 520 Euro. Er wird noch von einer Sozialabgabenbefreiung von bis zu 4% der BBG (West) flankiert, was Freibeträge von jährlich bis zu 3.120 Euro oder auch bis zu 260 Euro monatlich ausmacht. In der Rentenphase müssen dann die Renten- und Kapitalleistungen durch den zu Versorgenden als sonstige Einkünfte[57] in voller Höhe mit dem individuellen Steuersatz versteuert werden. Dazu kommen Abgaben für Kranken- und Pflegeversicherung in voller Beitragshöhe bis zur Beitragsbemessungsgrenze für die Krankenversicherung.[58] Die Zahlungen der Rentenphase haben keine steuerlichen Auswirkungen auf das Unternehmen.

---

[55] Für die Zeit vor dem 01.01.2005 galt für die Direktversicherung noch die Möglichkeit der Pauschalversteuerung nach §40b EStG. Da diese heute bei der Neueinrichtung einer bAV nicht mehr zum Tragen kommen kann, wird sie hier nicht weiter beachtet. Siehe hierzu auch: https://www.deutsche-rentenversicherung.de/Allgemein/de/Inhalt/ 3_Infos_fuer_Experten/02_arbeitgeber_steuerberater/01a_summa_summarum/05_le xikon/P/pauschalbesteuerung_nach_%C2%A740b_estg.html, downlaod am 9.92018.
[56] Zeit von der Erteilung der Zusage bis deren Erfüllung (meist die Rentenbezugsphase)
[57] nach § 22 Nr. 5 EStG
[58] Die Beitragsbemessungsgrenze für die Krankenversicherung beträgt 75% derer für die Rentenversicherung

2. Für die *Direktzusage* ist die steuerliche Betrachtung um Einiges umfangreicher.

Für das Unternehmen:
die steuerliche Grundlage der Anwartschaftsphase ergibt sich aus den ungewissen finanziellen Verpflichtungen der Zukunft, welche sich aus der Zusage ergeben. Hierzu darf das Unternehmen Pensionsrückstellungen[59] in der Steuerbilanz bilden, für die Handelsbilanz gilt eine Passivierungspflicht für die zugesagte Versorgungsleistung. Diese Rückstellungen stellen Verbindlichkeiten dar, deren Höhe und/oder Fälligkeit ungewiss sind. Pensionsrückstellungen senken den Unternehmensgewinn und werden bilanziell als Fremdkapital gewertet. Auf Basis der jährlichen Zuführungen werden die entsprechenden Pensionsrückstellungen aufgebaut und können steuerlich geltend gemacht werden. Der Ausweis von Pensionsrückstellungen ist nach Handelsrecht zwingend[60] und nach Steuerrecht optional[61]. Voraussetzungen für die Passivierung sind, dass die Direktzusage schriftlich verfasst wurde, dass im Falle eines Geschäftsführers ein schriftlicher, rechtskräftiger Gesellschafterbeschluss vorliegt und dieser vom Selbstkontrahierungsverbot befreit wurde.

Auch wenn die zu bildenden Rückstellungen einen Steuervorteil und somit zu einer Erhöhung der Liquidität im Unternehmen führen, bergen diese ein enormes Bilanzrisiko. Es kann zu einer bilanziellen Überschuldung des Unternehmens in der Handelsbilanz kommen, wenn die Gewinne nicht ausreichen und die Rückstellungen für ein negatives Ergebnis sorgen. Daher

---

[59] Vgl. §6a EStG und §249 HGB.
[60] Vgl. §249 HGB i.V.m Art. 28 EGHGB – Passivierungspflicht.
[61] Vgl. § 6a EStG – Passivierung.

sollte dieses Risiko immer laufend kontrolliert werden oder sogar gegebenenfalls für eine Deckung der Pensionsverpflichtungen gesorgt werden. Alternativ muss das Rückdeckungsvermögen unter bestimmten rechtlichen Bedingungen aber auch gegen die Pensionsrückstellungen aufgerechnet (Saldierung[62]) werden. Somit kommt es dann nicht zwingend zu einer negativen Auswirkung in der Handelsbilanz, sondern zu einer kongruenten Deckung oder sogar Überdeckung.

Hierzu gibt es diverse Möglichkeiten, da die Rückdeckung der Direktzusage nicht wie die Direktversicherung an eine Versicherung gebunden ist. Herauszufinden, welche Anlageform für das Unternehmen und den einzelnen zu Versorgenden die richtige ist, gehört zu den Königsaufgaben in der Direktzusage und obliegt in der Regel dem Konsortium aus Rechts-, Steuerberater und Berater.

In der Rentenphase sind grundsätzlich weiterhin Pensionsrückstellungen zu bilden bzw. zu halten. Der anteilige steuerliche Wert ist in dieser Zeit der versicherungs-mathematische Barwert oder Versicherungs-barwert der zukünftig noch zu erbringenden Pensionsleistungen. Da dieser Versicherungsbarwert dem Grunde nach in jedem Jahr sinkt[63], kommt es dann zu Gewinn erhöhenden und damit die Steuerlast des Unternehmens steigernden Auflösungen der Rück-stellungen. Sieht der Versorgungsfall die Auszahlung von Kapital vor und wird diese Option genutzt, sind sowohl die Pensions-rückstellungen als auch der Aktivwert sofort Gewinn erhöhend aufzulösen.

---

[62] Vgl. § 246 Abs. 2, S. 2 HGB.
[63] Ausnahme könnten Jahre sein, in denen die Renten erhöht werden; hier könnte es dann nicht zu einer Absenkung des Barwertes kommen.

Für den Arbeitnehmer:

Die Beiträge in der Anwartschaftsphase sind bei Entgeltumwandlung in unbegrenzter Höhe steuerfrei und dazu analog der Direktversicherung bis zu 4% der BBG (West) von Sozialabgaben befreit. Die Beiträge zur Arbeitgeber-Finanzierung (die häufigste Form bei einer Direktzusage) sind in unbegrenzter Höhe steuerfrei und von den Sozialversicherungsbeiträgen befreit.

In der Rentenphase bzw. ab Eintritt des Versorgungsfalles sind laufende Rentenleistungen als Einkünfte aus nichtselbständiger Arbeit zu versteuern.[64] Der Abzug des Versorgungsfreibetrages und des Arbeitnehmerpauschbetrages können hier steuermindern geltend gemacht werden. Ist der zu Versorgende in der gesetzlichen Krankenversicherung, werden zusätzlich zur Steuer noch Beiträge in voller Höhe (in 2018 sind das 14,6%; eventuell zzgl. Zusatzbeitrag der Krankenkasse) zur Krankenversicherung der Rentner (KVdR)[65] fällig. Die Beitragspflicht endet mit dem Erreichen der Beitragsbemessungsgrenze für die Krankenversicherung. Zudem fallen in aller Regel noch Beiträge zur Pflegeversicherung an. Zudem gibt es eine Bagatellgrenze bis zu der keine Beiträge abzuführen sind. Sie berechnet sich nach den Bestimmungen des Sozialgesetzbuches[66] und beträgt in 2018 monatlich 152,25 Euro. Bei freiwillig Versicherten entfällt diese Bagatellgrenze – sie zahlen bereits vom ersten Euro an.

Bei Abfindung der Zusage wird steuerlich die sogenannte Fünftelungsregel[67] angewandt und bietet zusätzliche Steuervorteile gegenüber der Vollbesteuerung der Direkt-

---

[64] Vgl. § 19 EStG.
[65] Vgl. § 226 Abs. 1 Nr. 3 SGB V.
[66] Vgl. § 18 SGB IV.
[67] Vgl. §34 EStG; gilt nach der Entscheidung des BFH v. 20.09.2016 (X R 23/15) dies n. h. M. nicht mehr für Kapitalauszahlungen.

57

versicherung[68]. Ist der zu Versorgende Mitglied in einer gesetzlichen Krankenversicherung, werden analog der oben beschriebenen Rentenzahlung auch hier noch Beiträge zur Krankenversicherung und Pflegekasse fällig. Die Beiträge zur Krankenversicherung werden bei der Einmalzahlung allerdings nicht lebenslang, sondern nur auf 10 Jahre berechnet und sind in der Regel monatlich an die Krankenkasse zu zahlen.

Wie schon mehrfach erwähnt, haben sich die Autoren aus gutem Grund auf die Eingrenzung der Durchführungswege auf die Direktversicherung und die Direktzusage entschieden. Nach der Betrachtung des Arbeitsrechts und der Steuer kann man an dieser Stelle schon ein paar grundsätzliche Dinge festhalten:

Die einfacher zu gestaltende und zu verwaltende Form der bAV für Arbeitgeber und Arbeitnehmer ist die Direktversicherung. Dank ihrer detaillierten Regelungen in den zuständigen Gesetzen, allen voran das BetrAVG, ist sie leicht zu überschauen und sowohl die arbeitsrechtliche als auch die steuerrechtliche Haftung ist gut kalkulierbar. Dafür ist sie weniger flexibel in Sachen Einzahlungshöhe und Anlagemöglichkeiten. Die Direktversicherung ist ein einfacher und solider Einstieg in die Welt der bAV für den Arbeitnehmer, auch für die Versorgung von geschäftsführenden Gesellschaftern und dem Unternehmen.

Nahezu das Gegenteil ist die Direktzusage. Sie ist in ihrer rechtlichen Einrichtung und laufenden Betreuung deutlich

---

[68] Die Auszahlung wird durch 5 geteilt und dann zur Festlegung des Steuersatzes den Einkünften des entsprechenden Jahres zugerechnet. Aus der Zurechnung des Fünftels im Gegensatz zum Gesamtbetrag der bAV Auszahlung entsteht ein steuerlicher Vorteil durch die Absenkung der Progression. Der so reduzierte Steuersatz wird dann auf die Gesamteinkünfte (Einkommen + Gesamtauszahlung bAV) angewendet. Ein Beispiel siehe auch: https://de.wikipedia.org/wiki/Fünftelregelung.

aufwendiger und birgt zudem auch noch Haftungsrisiken für den Arbeitgeber.

Dafür bietet sie aber viel mehr Freiheit in der Gestaltung – von der Zusage selbst, über die steuerlichen Freigrenzen, die Kapitalanlagemöglichkeiten bis hin zur steuerlich begünstigten Auszahlung.

16 Lohnbuchhaltung und bAV

Dank der steuerlichen Begleitung der bAV in Form der vielzähligen Gesetze, ist für deren Umsetzung in allen Belangen und so auch in der Lohnbuchhaltung alles minuziös vorgegeben. Hier sind nicht nur die Sozialabgaben und steuerlichen Grenzen klar definiert[69] und geben vor, bis zu welchen Höhen Zuschüsse und Entgeltbestandteile steuer- und sozialabgabenfrei gebucht werden dürfen bzw. müssen, sondern die Lohnprogramme sind hierfür bereits vorgerüstet. Soll heißen, wenn die Rechtsberater und der Berater alles soweit richtiggemacht haben, muss der Lohnbuchhalter die Daten nur noch aus der Entgeltumwandlung, oder Erklärung zur Arbeitgeber- Finanzierung entnehmen und in sein Lohnprogramm speisen. Selbst bei Überschreitung der Freibeträge, würde das System die steuerliche Veranlagung der überschreitenden Beträge selbständig in die richtigen Lohnarten mit Abführung der Sozialabgaben und eventueller Besteuerung einstellen.

---

[69] Siehe auch Kapitel 17 dieses Buches.

59

Doch wie so häufig versteckt sich auch hier der Fehler im Detail und man muss gut Acht geben, sonst kann es hier zu einer nachhaltigen und teuren Haftung für den Arbeitgeber kommen. Es kann zum Beispiel bei Mischfinanzierungen, also bei der Mischung aus Entgeltumwandlung mit Umwandlung sonstiger Entgeltbestandteile wie vermögenswirksamer Leistungen (VWL) und Arbeitgeber-Zuschüssen in einigen Fällen zu Fehlbuchungen kommen. Diese können dann eventuell arbeitsrechtliche Konsequenzen nach sich ziehen, ohne aber steuerrechtliche Auswirkungen zu haben. Am Ende führet das aber zum gleichen Ergebnis – nämlich zu einer Haftung des Arbeitgebers[70].

Ein Beispiel anhand der VWL: möchte ein Arbeitnehmer, die vom Arbeitgeber finanzierten 40 Euro VWL Beitrag in einer bAV nutzen, so muss sowohl in der Vereinbarung zur Entgelt-umwandlung als auch in der Buchhaltung drauf geachtet werden, dass diese auch als Umwidmung von VWL zu bAV zu erkennen sind – nicht als reiner Arbeitgeber-Zuschuss.

Würden diese VWL nämlich als solcher gebucht werden, wäre zwar steuerlich alles in Ordnung, aber arbeitsrechtlich hätte der Arbeitnehmer aus seinem Arbeitsvertrag einen Anspruch auf die 40 Euro VWL. Die Zahlung der gleichen Summe als Arbeitgeber-Zuschuss könnte hier dann zu einer Verletzung der Gleichbehandlung führen und 1. eventuell hätten nun alle Arbeitnehmer Anspruch auf den „zusätzlichen" Arbeitgeber-Zuschuss in Höhe der 40 Euro und 2. hätte der Arbeitnehmer mit dem bereits gebuchten 40 Euro Arbeitgeber- Zuschuss einen arbeitsrechtlichen Anspruch auf zusätzliche Zahlung der im

---

[70] Vgl. §1 Abs. 1, S.3 BetrAVG.

Arbeitsvertrag zugesagten 40 Euro VWL – er bekäme also insgesamt 80 Euro Arbeitgeber-Leistungen.

Abgesehen von solchen „Übertragungsfehlern" läuft die Lohnbuchhaltung, einmal eingerichtet, Monat für Monat wiederkehrend durch. Solange bis eine Änderung eintritt[71].

17 Private Altersvorsorge und bAV

Obwohl beide Begriffe als Ziel die Altersvorsorge (AV) haben, so gehen sie doch rechtlich so unterschiedliche Wege, dass sie einander lediglich ergänzen, aber nicht behindern können.

Es kommt hier eher zu Rivalitäten bezüglich der Frage, welcher Weg den nun der „bessere" sei. Um diese zu beantworten, bräuchte es zum einen ein ganzes Buch und zum anderen endete die Diskussion bei der Frage nach der individuellen, finanziellen und emotionalen Situation des Sparers. Daher werden wir diesem Vergleich nicht weiter nachgehen.

An einer Stelle gibt es jedoch einen Anknüpfungspunkt der privaten an die betriebliche Altersvorsorge. Wenn ein Arbeitnehmer eine Direktversicherung aus Entgelt bespart und dann aus dem Unternehmen ausscheidet, so erhält er das Recht, diese aus privaten Mitteln fortzuführen[72]. Somit würde ab diesem Zeitpunkt aus einer betrieblichen eine private Altersvorsorge. Da diese aus bereits versteuertem und sozial verbeitragtem Geld finanziert würde, würden für die Beiträge

---

[71] Siehe dazu Kapitel 21-23 dieses Buches.
[72] Vgl. §1b Abs.5, S. 2 BetrAVG.

61

und deren Erträge aus der privaten Fortführung am Ende auch nicht die volle nachgelagerte Besteuerung und Verbeitragung wie bei der Direktversicherung anfallen, sondern nur eine Ertragsanteilversteuerung[73].

Doch auch die Betrachtung der Besteuerung bei Auszahlung führt spätestens dann zu keinem finalen Ergebnis, wenn die Beiträge rein arbeitgeberfinanziert sind. Denn egal wie hoch die Steuer auf „geschenktes Geld" ist – es ist immer ein Zugewinn, diese Geschenke anzunehmen!

Ansonsten gilt für die bAV und die private AV: beide haben ihre Vor- und Nachteile und ergänzen sich, anstatt in Konkurrenz zu stehen. Wer es sich also leisten kann, der bespare doch beide Wege der Altersvorsorge – so muss er nicht entscheiden und steht im Rentenalter finanziell besser da.

18 Biometrie und bAV

Der Begriff der betrieblichen Altersversorgung könnte vermuten lassen, dass es sich ausschließlich um eine Art Sparplan für den Ruhestand handelt. Doch dem ist mitnichten so. Wie dem Betriebsrentengesetz bereits im ersten Satz zu entnehmen ist, handelt es sich um Zusagen eines Arbeitgebers an seinen Arbeitnehmer auf „Leistungen der Alters-, Invaliditäts- oder Hinterbliebenenversorgung aus Anlass seines Arbeitsverhältnisses"[74]. Ergo besteht neben der Absicherung des

---

[73] Vgl. §22 Abs. 1 EStG
[74] Vgl. §1 Nr.1, S.1 BetrAVG

biometrischen Risikos der Langlebigkeit (der Altersversorgung) auch die Möglichkeit, den Fall einer Invalidität (in der bAV die Berufsunfähigkeit) und die Versorgung der Hinterbliebenen des Arbeitnehmers (nach dessen Tod) im Rahmen einer bAV abzusichern.

Für diese Absicherungen gelten dann die gleichen Parameter bezüglich der Freibeträge bei Steuern und Sozialabgaben wie in der reinen Altersversorgung. Zu beachten ist dabei aber, dass gerade bei der Direktversicherung die steuerliche Befreiung der Beiträge von bis zu 8% und bis zu 4% der Beitragsbemessungsgrenze der Rentenversicherung (West) bei den Sozialabgaben kumuliert über alle drei biometrischen Risiken zu sehen sind.

Genau wie bei der steuerlichen Betrachtung bei der Auszahlung der Altersversorgung im Vergleich zu der privaten AV[75] unterscheiden sich die anderen beiden Leistungsvarianten ebenfalls und auf gleiche Weise von deren privat besparten Versionen. Sie sind bei Auszahlung im Leistungsfalle also zu 100% besteuert und auch sozialabgabenpflichtig[76]. Dies sollte bei der Festlegung der Absicherungshöhen Berücksichtigung finden, damit in der Nachsteuerbetrachtung noch der angestrebte Wert der Absicherung erhalten bleibt.

Ein deutlicher Vorteil ergibt sich dennoch aus der Möglichkeit, die Themen Invalidität und Hinterbliebenenversorgung über die bAV abzuwickeln. Im Zuge der Absicherung einer ganzen Belegschaft und meist in Zusammenhang mit einer Arbeitgeber-Finanzierung bieten die Versicherer dieser Risiken Kollektivtarife an. Diese bringen dem versicherten Arbeitnehmer als erstes preisliche Vorteile, da man einen

---

[75] Vgl. Kapitel 17 und 19 dieses Buches.
[76] Vgl. §3 Nr. 63 EStG.

63

Gruppenrabatt bekommt. Doch noch bemerkenswerter ist der Zugang über eine vereinfachte oder sogar entfallende Gesundheitsprüfung. So darf der Arbeitnehmer eine gute bis garantierte Aufnahme in den Tarif erwarten. Das schafft zufriedenere Arbeitnehmer und ist ein Pluspunkt für den einrichtenden Arbeitgeber. Zudem kann der Arbeitnehmer die Versorgung oft nicht einfach mitnehmen, da diese Formen der bAV zwar schon sehr alt sind, leider aber deutlich weniger Anwendung finden. Wenn ein Arbeitgeber keine Absicherung außerhalb der reinen Altersvorsorge vorsieht und dies arbeitsrechtlich festgehalten hat, so bleibt dem Arbeitnehmer die Mitnahme dieser zusätzlichen Module verwehrt.[77] Ihm bleibt dann nur noch die private Fortführung.

Genau wie im Kapitel 19 kommen die Autoren auch hier zu dem Schluss, dass völlig unabhängig von den Vor- oder Nachteilen betrieblicher oder privater Sparweise, die Version der bAV bei Arbeitgeber- Zuschuss oder sogar kompletter Arbeitgeberfinanzierung immer eine kluge Entscheidung ist.

19 Veränderung in Elternzeit und Mutterschutz

Elternzeit: Seit dem 1.1.2007 gilt das Bundeselterngeld- und Elternzeitgesetz (BEEG). Dieses regelt u. a. Bestimmungen zur Vereinbarkeit von Familie und Beruf und enthält Regelungen,

---

[77] Die Mitnahme ist nach § 4 Abs. 2 Nr. 1 BetrAVG durchaus möglich. Jedoch bedarf es einer einvernehmlichen Regelung zwischen altem und neuem Arbeitgeber sowie dem Mitarbeiter. Das einseitige Recht des Arbeitnehmers nach § 4 Abs. 3 BetrAVG scheitert in der Regel daran, dass bei den Risikotarifen kein Deckungskapital vorhanden ist.

insbesondere zur Elternzeit, und dem ab diesem Zeitpunkt neu geschaffenen Elterngeld. Die auf die Elternzeit bisher geltenden Regelungen des Bundeserziehungsgeldgesetzes sind durch das BEEG aufgehoben. Während der Elternzeit ruht das Arbeitsverhältnis lediglich – es ist nicht beendet. Das bedeutet, dass für den Arbeitnehmer also keine Verpflichtung zur Erbringung der Arbeitsleistung besteht; der Arbeitgeber muss entsprechend kein Entgelt zahlen[78].

Der Mutterschutz ist im „Gesetz zum Schutz von Müttern bei der Arbeit, in der Ausbildung und im Studium" (Mutterschutzgesetz - MuSchG) geregelt. Hiernach dürfen Frauen 6 Wochen vor und mind. 8 Wochen nach der Geburt nicht beschäftigt werden[79]. Sie erhalten in dieser Zeit keinen Lohn, sondern beziehen ein Mutterschaftsgeld[80]. Auch hier ruht das Arbeitsverhältnis lediglich.

So sind die gesetzlichen Regelungen eindeutig – doch gelten sie auch 1:1 für die bAV? Nein. Sie gelten nämlich nur für das Thema Lohnzahlungen sowie die Freistellung von der Erbringung von Arbeitsleistung und nicht für die Zahlung sonstiger Zuwendungen des Arbeitgebers. Diese muss der Arbeitgeber separat in einer schon mehrfach angesprochenen Versorgungsordnung (VO) regeln. Ein wichtiger Bestandteil einer solchen VO ist die Regelung von entgeltfreien Zeiten, zu denen neben Elternzeit und Mutterschutz auch das Ende der Lohnfortzahlung bei Krankheit zählt. Ist hier nichts durch das Unternehmen geregelt worden und bei einer Frau wird eine Arbeitgeber-Leistung zu einer bAV aus Unachtsamkeit auch während ihrer Elternzeit weitergezahlt, so kann sich der

---

[78] Vgl. §15 ff BEEG.
[79] Vgl. §3 MuSchG.
[80] Vgl. §19 MuSchG.

65

Arbeitgeber nicht mit einem „Versehen" herausreden, sondern hat mittels betrieblicher Übung und eventuell gegen seinen Willen eine neue Regel geschaffen: alle Frauen bekommen Ihre bAV Leistung von der Firma auch während der Elternzeit[81].

Zu einem gut installierten bAV-System gehört eine VO und diese regelt dann, dass in entgeltfreien Zeiten wie Mutterschutz und Elternzeit, keine Zuwendungen seitens des Arbeitgebers zur bAV geleistet werden, bzw. dass diese Zuwendungen nur für eine begrenzte Dauer in der lohngeldfreien Zeit aufrecht gehalten werden.

Nun hat die Mitarbeiterin zwei Optionen während dieser Zeiten:

1. Gilt für alle Durchführungswege: sie kann diesen für die Dauer der Elternzeit/ des Mutterschutzes beitragsfrei ruhen lassen.
2. Gilt nur für Direktversicherung (die Pensionskasse und den Pensionsfonds): sie kann diesen aus privaten Vermögen[82] bzw. sonstigen Einnahmen wie z.B. das Elterngeld weiter besparen. Allerdings erhält sie während der privaten Fortführung keine staatliche Förderung über Steuer oder Sozialabgaben.

Danach besteht die Möglichkeit, diesen bAV-Vertrag (mindestens die Entgeltumwandlung) bei Aufleben eines aktiven Arbeitsverhältnisses und bei Lohnbezug im Zuge einer bAV wieder zu reaktivieren.

Voraussetzung für die Besitzwahrung von arbeitgeberfinanzierten oder bezuschussten bAV-Verträgen ist die Er-

---

[81] Vgl. §20 Nr.2 AGG.
[82] Vgl. §1b Nr.5, S.2 BetrAVG.

66

füllung oder der Verzicht auf die gesetzliche Verfallbarkeit. Das Unternehmen kann gänzlich darauf verzichten. Dann gehören alle Arbeitgeberzuschüsse ab Beginn dem Arbeitnehmer. Regelt die Firma nichts oder bedingt die gesetzlichen Verfallbarkeitsfristen, so gilt: die Unverfallbarkeit der Anwartschaften ist erfüllt, wenn die Zusage mindestens 3 Jahre bestand und der zu Versorgende das 21. Lebensjahr vollendet hat[83]. Mutterschutz und Elternzeit werden dabei auf die Verfallbarkeitsfristen angerechnet.

20 Veränderung bei Arbeitsunfähigkeit

Eine Arbeitsunfähigkeit wirkt sich zunächst nicht auf eine aktive bAV aus. Folgen hat diese erst dann, wenn sie über die gesetzliche Zeit der Lohnfortzahlung[84] hinaus besteht. Dann entfällt bei dem Arbeitnehmer die Zahlung von Arbeitsentgelt und er bezieht Krankengeld. Sein Arbeitsverhältnis ruht – ist aber nicht beendet. Somit ist hier wieder die Frage nach der arbeitsrechtlichen Regelung der bAV durch den Arbeitgeber zu stellen. Hat er eine VO, die solche entgeltfreien Zeiten regelt oder nicht? Manche Unternehmen gehen im Zuge von Mitarbeitermangel sogar gezielt dazu über, solche Zeiten vertraglich von der Firmenseite abzudecken, um dem Arbeitnehmer eine zusätzliche soziale Absicherungskomponente zu bieten.[85]

---

[83] Vgl. § 2a BetrAVG bei Zusagen ab dem 01.01.2018.
[84] In der Regel 42 Tage.
[85] Siehe hierzu auch die folgenden Kapitel zur betrieblichen Krankenversicherung.

Eine Ausnahme bietet die bAV bei Arbeitsunfähigkeit, wenn ein Baustein zur Absicherung des biometrischen Risikos Invalidität eingeschlossen wurde.[86] Es gibt die Berufsunfähigkeits-versicherung (BU) auch in der bAV als Beitragsbefreiung der Hauptversicherung und / oder als Rente. Im ersten Fall würden je nach den Bedingungen des Tarifes, die Beiträge z.B. zur Altersvorsorge dann vom Träger der BU übernommen. Allerdings passiert das in der Regel erst nach einer Frist von sechs Monaten und der grundsätzlichen Feststellung der Berufs-unfähigkeit im Sinne der Tarifbedingungen.

Üblicherweise wird das Thema Arbeitsunfähigkeit nach Auslauf der Lohnfortzahlung wie im vorigen Kapitel bei Elternzeit und Mutterschutz behandelt und es kommt zur Beitragsfreistellung. Die Option der Fortführung aus eigenen Mitteln wird wegen der finanziellen Einschränkung durch die Zahlung des Krankengeldes selten in Anspruch genommen. Im Falle einer Absicherung gegen Berufsunfähigkeit, sollte sich die versicherte Person die Beitragsfreistellung aber gut überlegen. Zahlt sie die Beiträge nicht weiter, erlischt auch der Versicherungsschutz. Somit würde bei andauernder Arbeitsunfähigkeit trotz Erfüllung der Wartezeiten in der BU keine Rente geleistet werden.

---

[86] Vgl. §1 Abs.1 BetrAVG

68

21 Beendigung des Arbeitsverhältnisses

Die Beendigung des Arbeitsverhältnisses kann zu unterschiedlichen Resultaten führen. Bei einer Direktzusage entfallen auf Basis des BetrAVG einige wichtige Anschlussoptionen. Der Arbeitnehmer hat nach seinem Ausscheiden kein Anrecht auf Übertragung der Anwartschaften auf einen neuen Arbeitgeber und auch nicht auf eine private Fortführung. So führt der Weg in der Regel in eine Beitragsfreistellung und zum Einfrieren der Anwartschaften.

Bei einer Direktversicherung im Zuge des §3 Nr. 63 EStG gibt es vielfältige Möglichkeiten. Hier genießen Arbeitgeber und vor allem Arbeitnehmer diverse Rechte und Optionen zum weiteren Verbleib der betrieblichen Zusage.

So hat das Unternehmen das Recht, seine Haftung aus dem Vertrag nach Ausscheiden zu begrenzen. Man nennt das auch die versicherungsvertragliche Lösung[87]. Dies gilt jedoch nicht, wenn die Direktversicherung über eine Beitragszusage mit Mindestleistungen (BZML) erteilt wurde. Weiterhin hat es die Möglichkeit, sogenannte Kleinstanwartschaften einseitig und somit ohne Zustimmung des Arbeitnehmers abzufinden[88].

Der Arbeitnehmer erhält aus dem BetrAVG ebenfalls einige Rechte zum Umgang mit seiner bAV nach Ausscheiden aus einem Arbeitsverhältnis. So kann er zunächst verfahren, wie es schon in den beiden vorigen Kapiteln beschrieben wurde und den Vertrag beitragsfrei stellen oder aus privaten Mitteln fortführen. Er hat aber vor allem auch das Recht, diesen Vertrag

---

[87] Vgl. § 2 Abs. 2 Satz 3 BetrAVG.
[88] Vgl. § 3 Nr. 2 BetrAVG – gilt für die DV und die DZ.

unter Wahrung bestimmter Fristen, mit zu seinem neuen Arbeitgeber zu nehmen und diesen dort auf zwei unterschiedlichen Wegen weiter zu besparen.

Im gegenseitigen Einvernehmen des alten und neuen Arbeitgebers, sowie des Arbeitnehmers kann

1. der Mitarbeiter seinen alten Vertrag so wie er war mit in das neue Beschäftigungsverhältnis nehmen. Das bedeutet, dass der neue Arbeitgeber in die Rechte und Pflichten der alten Zusage eintritt[89]. Man spricht hier von einem Versicherungsnehmerwechsel. Der Vertrag als Solches bleibt unverändert bestehen.

2. „der Wert der vom Arbeitnehmer erworbenen unverfallbaren Anwartschaften auf betriebliche Altersversorgung (Übertragungswert) auf den neuen Arbeitgeber übertragen werden, wenn dieser eine wertgleiche Zusage erteilt"[90]. Man spricht hierbei umgangssprachlich von einer Portierung oder einem Deckungskapitalübertrag (DKÜ). Bei dieser Version der Mitnahme wird der alte Vertrag aufgelöst und der Übertragungswert auf einen anderen Versorgungsträger übertragen.

Das DKÜ kann der Arbeitnehmer auch einseitig binnen eines Jahres nach seinem Ausscheiden von seinem vorigen Arbeitgeber verlangen, wenn es sich bei dem Vertrag um eine Direktversicherung gehandelt hat und der Übertragungswert die BBG nicht übersteigt[91].

---

[89] Vgl. § 4 Nr.2, S.1 BetrAVG.
[90] Vgl. § 4 Nr.2, S. 2 BetrAVG.
[91] Vgl. § 4 Nr. 3 BetrAVG.

70

Da es zumindest bei den versicherungsförmigen Durchführungswegen, also auch der Direktversicherung, Rechte für Arbeitnehmer zur Mitnahme seines angesparten Kapitals von Arbeitgeber zu Arbeitgeber gibt, kann der Arbeitnehmer seinen Vertrag entweder als echte bAV oder als Vertrag aus eigenen Mitteln immer fortführen. Dies gewährt eine durchgängige Besparung und somit auch eine größtmögliche Effizienz in Bezug auf Kosten und Zinses-Zins-Effekte.

22 Versorgung von Familienangehörigen

Die Versorgung und somit die Einbeziehung der Familie des Arbeitnehmers ist ein wichtiger Bestandteil eines effizient gestalteten betrieblichen Versorgungssystems. Ziel muss es sein, auch seine Familienangehörigen ans Unternehmen zu binden. So wird dem Arbeitnehmer ein Wechsel des Arbeitgebers deutlich schwerer gemacht. Wie schon im Kapitel bAV und Biometrie beschrieben, erhält der Arbeitnehmer dank Kollektivtarifen Vorteile beim Preis und bei der Gesundheitsprüfung. Leider können den Angehörigen diese vereinfachten Zugangswege im Gegensatz zur bKV in der bAV nur sehr begrenzt ermöglicht werden. Einzelne Versicherer bieten zwar etwas Ähnliches im Bereich Berufsunfähigkeitsabsicherung an, aber verbesserte Konditionen für Altersvorsorge und Risikolebensversicherung gibt es für die Angehörigen aktuell nicht.
Natürlich stellt eine biometrische Absicherung des Arbeitnehmers in Sachen Altersvorsorge, Berufsunfähigkeit und bei dessen Tod auch einen Schutz der Familie gegen finanzielle

Risiken dar. Dies ist bereits im Begriff der Hinterbliebenenversorgung im Gesetz fest vorgesehen[92]. Doch da dieser Effekt nur über den indirekten Weg der Absicherung über den Arbeitnehmer möglich ist, sind Art, Umfang und Höhe der Absicherung stark eingeschränkt und hängen zusätzlich auch vom Wohlwollen des Arbeitgebers ab. Nutzt ein Unternehmen sein Recht auf Gestaltung der bAV aus und schränkt die Wahlmöglichkeiten für seine Arbeitnehmer z.B. auf Altersversorgung ein, so bleiben die anderen Absicherungsmöglichkeiten dem Arbeitnehmer und natürlich auch seinen Angehörigen verwehrt.

In der Praxis sollte ein Arbeitgeber immer konzeptionell an die Einrichtung seiner bAV im Rahmen eines betrieblichen Versorgungssystems herangehen. Er sollte sich gut überlegen, ob es nicht Sinn macht, gezielt solche Produktwelten anzubieten, die auch Schutz und Bindung der Familienangehörigen seiner Arbeitnehmer bedeuten. Denn darüber bekommt er nicht nur eine direkte Bindung des Arbeitnehmers an das Unternehmen, sondern schafft eine zweite, soziale Ebene der Bindung über die Einbeziehung der Familien. Überlegt nun ein Arbeitnehmer den Arbeitgeber zu wechseln, ist weder das potentiell höhere Gehalt entscheidend, noch obliegt diese Entscheidung ihm weiterhin alleine – die Einbeziehung der involvierten Familie in den Entscheidungsprozess ist für ihn zwingend erforderlich und schafft zusätzliche Bindungskraft.

---

[92] Vgl. §1 Abs.1 BetrAVG.

72

23 Workflow

Die vorausgehenden Kapitel beschreiben, wie die Herangehensweise an die Installation eines guten und effizienten bAV-Systems sein sollte, worauf zu achten ist, welche Durchführungswege den Autoren am geeignetsten erscheinen und vor allem, dass eine bAV als System und nicht als Produkt zu betrachten ist.

Professionelle Unterstützung durch Rechts- und Steuerberater sowie spezialisierte bAV-Berater ist für das Gelingen unablässig. Zu groß ist die Vielfalt der Gesetze und Fallstricke für die Einrichtung und den reibungslosen Betrieb eines bAV Systems. Um den optimalen Workflow nachvollziehen zu können, soll dieser im Folgenden idealisiert dargestellt werden.

Phase 1: Bestandsaufnahme, Datenanalyse und Ausrichtung

Die Grundlage bildet immer die Überprüfung des Status Quo der bAV zu Beginn des Prozesses.[93] Fragen wie „was gibt es schon an Systemen und Produkten?", „warum wurde das so gewählt und was steckt dahinter?", „müssen tarifliche Bestimmungen oder Gesetzesänderungen bedacht werden?" oder ganz wichtig „was will der Unternehmer mit der bAV erreichen?" müssen zuerst beantwortet und geklärt sein. Aus den gewonnenen Erkenntnissen lässt sich dann ableiten, ob und wie das neue System auf die „alte bAV" aufgebaut werden kann oder noch tiefere Eingriffe ins Arbeits- oder Steuerrecht notwendig

---

[93] wegen der gesetzlichen Regelungen gemäß BetrAVG in Kombination mit der gelebten Praxis in den Firmen, gibt es nahezu immer mind. einen bAV Vertrag oder eine tarifliche Regelung zur bAV und somit immer auch eine zu bewertende Ausgangslage.

sind. Dann werden in Abstimmung auf die Wünsche und Bedürfnisse des Unternehmens die weiteren Schritte festgelegt.

Phase 2: Rechtliche Regelungen, Auswahl des Umsetzers und Einrichtung von Kollektivvereinbarungen

Ist das bAV-System der Zukunft erdacht, muss es vor allem arbeitsrechtlich niedergeschrieben werden – in Form einer Versorgungsordnung. Dazu gehört auch die Auswahl eines geeigneten Umsetzers – also eines spezialisierten bAV-Beraters mit entsprechenden Qualifikationen. Nur ein Experte kann die Arbeitgeberhaftung, welche aus dem Betriebsrentengesetz resultiert[94], dank seiner Kenntnisse und Fähigkeiten reduzieren. Dieser Experte sucht in Absprache mit dem Unternehmen dann die geeigneten Produktanbieter, Tarife und die passenden Kollektivkonditionen heraus und sorgt für deren Einrichtung für das Unternehmen.

Phase 3: Umsetzung und Beratung der Arbeitnehmer

So individuell jedes bAV-System ist, so sollte auch die Beratung der Arbeitnehmer sein. Wenn es dem Arbeitgeber mit der Übernahme seiner sozialen Verantwortung ernst und ihm das Gelingen der Installation wichtig ist, dann gestattet er Einzelberatungen der Arbeitnehmer während der Arbeitszeit. Hier werden dem Mitarbeiter z.B. die Vor- und Nachteile eines bAV Vertrages, die Zuschüsse der Firma, die steuerlichen Auswirkungen, die zur Auswahl stehenden Produkte und deren Versicherungsträger und die weiteren Abläufe erklärt. Dieses Verfahren unterstreicht die Maßnahmen und suggeriert dem

---

[94] Vgl. §1 Abs.1, S.3 BetrAVG

74

Arbeitnehmer die Ernsthaftigkeit und den Wert des speziell für das Unternehmen eingerichteten bAV Systems.

Phase 4: Betreuung und Kommunikation
Mit dem Beitritt des Arbeitnehmers in das bAV-System geht die Arbeit für die verwaltenden Organe beim Arbeitgeber und Berater erst los. Daher sollte dem Arbeitgeber eine professionelle und kostengünstige Dienstleistung zur bAV Verwaltung angeboten werden – durch den Berater und/ oder eine effiziente bAV-Verwaltungssoftware. Nur so können die anfallenden Änderungen wie z.B. Beitrags- oder Namensänderungen, Beitragsfreistellungen wegen Elternzeit oder Reaktivierungen organisatorisch schlank gehalten werden und belasten so weder die Personalabteilung noch den Chef. Ein möglichst hoher Grad der Digitalisierung unter externer Verwaltung ist daher vom Arbeitgeber anzustreben.

24 CTA-Modelle

Wie wir gesehen haben, funktioniert eine Pensionszusage nach einem denkbar einfachen Grundprinzip: ein Unternehmen macht seinem Mitarbeiter eine Zusage über eine bestimmte biometrische Leistung, zu einem bestimmten Zeitpunkt und in bestimmter Höhe. Soweit - so gut. Nun denkt sich das Unternehmen: über eine so lange Zeit die Summe ansparen, das ist nicht ohne Risiken und außerdem habe ich keine Ahnung, wie man das macht: da mache ich mal besser eine Rückdeckungsversicherung. Aus dieser, stark vereinfachten

Überlegung heraus, wurden unzählige Pensionszusagen mit einer Rückdeckungsversicherung versehen. Einem Produkt aus dem Bereich der klassischen Lebensversicherung mit verzinslicher Ansammlung. Für derartig rückgedeckte Pensionszusagen bedeutet das, dass aufgrund der niedrigen Zinsen höhere Beiträge in die Rückdeckung fließen müssen. Für bereits laufende Pensionszusagen kann es zu empfindlichen Unterdeckungen gekommen sein, da vor Jahren ganz andere Renditeerwartungen im Raum standen und in die steuerliche Kalkulation eingeflossen sind. In diesen Fällen kann ein CTA-Modell einen intelligenten Ausweg bieten. CTA steht für „Contractual Trust Arrangement", oder wörtlich übersetzt: ein vertragliches Treuhändermodell oder auch Pensionstreuhand. Auf diese Treuhand werden nun alle Vermögen aus der Rückdeckung übertragen. Das Vermögen der Treuhand darf ausschließlich dem Zweck der Erfüllung der Pensionszusage gelten.

Das CTA kann als „Multi-Asset-Modell" konstruiert werden, so dass quasi sämtliche Anlageformen (Assetklassen) zur Verfügung stehen. Also auch Aktien, Investmentfonds, Beteiligungen und Immobilien oder sogar freies Firmenvermögen. Es können also deutlich höhere Renditen erwirtschaftet werden als mit einem klassischen Versicherungsprodukt. Außerdem freut sich die Unternehmensbilanz, denn die Pensionstreuhand bringt die Saldierungspflicht der bilanziellen Verpflichtungen mit sämtlichem Rückdeckungsvermögen. Im Idealfall kann sogar eine Bilanzdeckung erreicht werden. Die Bilanz ist frei und das Unternehmen wieder handlungsfähig(er).

76

Teil 3 Betriebliche Krankenversicherung (bKV)

25 Grundsätzlicher Aufbau

Es gibt verschiedene Formen einer betrieblichen Krankenversicherung.

Die relevanteste Form ist die arbeitgeberfinanzierte bKV. In diesem Fall trifft der Arbeitgeber eine eigene Investitionsentscheidung.[95]

Bei dieser Form schließt der Arbeitgeber mit einem Privaten Versicherungsunternehmen einen sogenannten Gruppenversicherungsvertrag. Es müssen entweder alle Mitarbeiter des Unternehmens die Zusatzleistung erhalten oder der Arbeitgeber bildet ein aus seinem Betrieb heraus definiertes Kollektiv[96]. Der Arbeitgeber entscheidet über Art und Umfang der Tarife und daher spricht man bei dieser Form auch von einer obligatorischen bKV.

Es ist grundlegend zwischen der externen Ebene des Arbeitgebers zu dem Versicherungsunternehmen und der internen Beziehung zwischen dem Arbeitgeber und seinen Arbeitnehmer zu unterscheiden.

Die externe Ebene wird durch den Gruppenversicherungsvertrag begründet und hier können Regelungen zum Umfang, der Art und Dauer der Leistung geregelt werden.

---

[95] In den folgenden Kapiteln wird der Begriff der bKV immer als arbeitgeberfinanzierte Form verstanden.

[96] Z.B. alle Mitarbeiter mit mehr als 5 Jahren Betriebszugehörigkeit. Vgl. auch Kapitel 30 „Arbeitsrecht und bKV".

Allerdings sind diese Regelungen nur für die genannten Vertragsparteien bindend. Das heißt auf der internen Ebene bedarf es einer weiteren Regelung zum Beispiel durch eine Versorgungsordnung oder auch Betriebsvereinbarung.[97]

Der Arbeitgeber meldet die Mitarbeiter mit Hilfe eines einfachen Listenverfahrens an, ab und um. Es bedarf keines Antrages der Mitarbeiter wie beispielsweise bei einem einzelnen Versicherungsvertrag, da in der bKV üblicherweise auf Gesundheitsangaben der Mitarbeiter verzichtet wird. Die Beitragszahlung obliegt dem Arbeitgeber und bei der Mehrzahl der Angebote sind die Beiträge je Mitarbeiter und Monat altersunabhängig- sprich sog. uniage und unisex Beiträge oder auch Einheitsbeiträge.

Die gesamte Korrespondenz in Fragen der Leistung der bKV wird direkt zwischen dem Versicherungsunternehmen und dem Arbeitnehmer geführt. Gleiches gilt für die Leistungs- abrechnung. Im Ergebnis ist der Mitarbeiter direkt Empfänger der Leistung. Der Arbeitgeber hat keinen administrativen Aufwand und vor allem keine Kenntnis über einzelne Leistungs- fälle der Mitarbeiter. Das ist wichtig für den Betriebsfrieden und das Vertrauensverhältnis des Arbeitnehmers zu seinem Betrieb.

Die Mindestvertragsdauer beträgt üblicherweise zwei Jahre, danach ist der Kollektivvertrag einmal jährlich ordentlich kündbar. Eine außerordentliche Kündigung im Falle einer Beitragsanpassung bleibt davon unberührt. Zu beachten sind

---

[97] Vgl. auch Kapitel 30.

78

allerdings die Folgen einer betrieblichen Übung auf der internen Ebene.

Scheidet ein Mitarbeiter aus oder kündigt der Arbeitgeber den Kollektivvertrag, erhält der Arbeitnehmer ein Angebot zur privaten Fortführung des Vertrages aus eigenen Mitteln. Dieses Weiterversicherungsangebot ist insbesondere wichtig bei laufenden Behandlungen.

Neben der arbeitgeberfinanzierten Form der bKV gibt es auch noch die arbeitnehmerfinanzierte und die mischfinanzierte bKV.

Bei der arbeitnehmerfinanzierten bKV schafft der Arbeitgeber nur den vertraglichen Rahmen und jeder Mitarbeiter trifft eine eigene Entscheidung, ob und ggf. welchen Versicherungsschutz er auswählen möchte. In diesem Fall spricht man auch von einer fakultativen bKV. Im Ergebnis tritt der Arbeitgeber als Vorteilsbeschaffer auf, da er den Mitarbeitern Zugang zu Leistungen gewährt, die der Mitarbeiter ggf. alleine nicht auf privater Ebene versichern könnte. Und zwar ohne Gesundheitsfragen und zu deutlich günstigeren Konditionen. Bei dieser Form sind die Beiträge allerdings für gewöhnlich altersabhängig.

Bei der mischfinanzierten bKV schafft der Arbeitgeber den Rahmen und bezuschusst den Beitrag des Mitarbeiters. Das heißt, es handelt sich trotzdem grundsätzlich um eine fakultative bKV, da jeder Mitarbeiter die Entscheidung alleine trifft, ob er den Versicherungsschutz haben möchte oder nicht (sog. Opting In Modell).

Eine Abwandlung davon stellt das sogenannte Opting Out Modell dar, bei dem der Arbeitgeber den Beitrag zur bKV ebenfalls bezuschusst, allerdings die Mitarbeiter sich nicht aktiv anmelden, sondern aktiv abmelden müssen. Wer sich im Umkehrschluss nicht meldet, ist automatisch versichert. Grundlage für ein solches Modell ist neben dem Gruppenvertrag auf der externen Ebene eine Regelung zum Beispiel mit der Arbeitnehmervertretungen auf der internen Ebene.

Kombinationen der Ausgestaltungsvarianten sind allerdings auch möglich: beispielsweise erhält eine definierte Gruppe ein arbeitgeberfinanziertes Paket. Zwei weitere arbeitnehmerfinanzierte Pakete stehen der gesamten Belegschaft zum Abschluss zur Verfügung.

Schlussendlich sollte sich die Entscheidung für die eine oder andere Form der bKV nach dem personalpolitischem Ziel des Arbeitgebers und seinen finanziellen Möglichkeiten richten.

26 Produkte

Wenn im Unternehmen der Entschluss gefallen ist, eine bKV als Nebenleistung zu installieren, dann steht alsbald die Frage an, welche Tarife gewählt werden sollen. Derzeit bieten 19 Gesellschaften[98] Tarifmodelle an. Einige haben ihr ohnehin

---

[98] Allianz Private Krankenversicherungs-AG, ARAG Krankenversicherungs-AG, AXA Krankenversicherung AG, Barmenia Krankenversicherung a.G., Bayerische Beamtenkrankenkasse AG, Central Krankenversicherung AG,

vorhandenes Programm an Zusatzversicherungen, ggf. leicht modifiziert, als bKV auf den Markt gebracht, andere haben ein komplett neues Tarifwerk geschaffen.

Wenn man den Meinungsumfragen[99] Glauben schenken kann, dann ist besonders die Zahnzusatzversicherung bei den gesetzlich Versicherten hoch im Kurs. Dicht gefolgt von ambulanten Ergänzungen beispielsweise bei Vorsorgeuntersuchungen und Sehhilfen.

Es kommt jetzt also darauf an, welches Ziel der Arbeitgeber mit seiner Investition verfolgt. Er kann gezielt die Wünsche der vorhandenen Mitarbeiter ansprechen oder auch den Bedürfnissen von potenziellen Bewerbern gerecht werden. Es ist also mehr eine personalpolitische Frage, ob die bKV als Benefit im Recruting oder in der Bindung von vorhandenen Mitarbeitern gezielt eingesetzt werden soll. Ein anderes Ziel kann die Steigerung der Mitarbeiterleistung sein. In diesem Fall liegt das Augenmerk eher auf der Reduktion von krankheitsbedingten Fehlzeiten.

Continentale Krankenversicherung a.G., DKV Deutsche Krankenversicherung AG, Gothaer Krankenversicherung AG, HALLESCHE Krankenversicherung a.G., HanseMerkur Krankenversicherung AG, HUK-COBURG-Krankenversicherung AG, NÜRNBERGER Krankenversicherung AG, R+V Krankenversicherung AG, SIGNAL IDUNA Krankenversicherung a.G., Süddeutsche Krankenversicherung a.G., Union Krankenversicherung AG, uniVersa Krankenversicherung a.G., Württembergische Krankenversicherung AG.

[99] Vgl. Arbeitgeber- /Arbeitnehmerbefragung durch GfK, 2015; repräsentative Befragung von ca. 2.600 Arbeitnehmern, Schülern und Studenten sowie ca. 600 Personen, die in Unternehmen für das Thema Personalzusatzleistungen zuständig sind (Inhaber, Geschäftsführer, Personalentscheider).

81

Insgesamt lassen sich vier Wirkungsfelder der Nebenleistung bKV erkennen:

- **Soziale Verantwortung:** der Arbeitgeber entscheidet sich bewusst für eine Nebenleistung, die emotional und erlebbar ist und somit abgrenzbar von Lohn und Gehalt. Das Thema Gesundheit als Nebenleistung ist hoch emotional und zunächst ist die Gesundheit der Mitarbeiter ein intimes Thema des Mitarbeiters, das jedoch von großer Bedeutung für den Arbeitgeber ist. Durch die bKV wird hier eine direkte Brücke geschlagen.

- **Medizinische Versorgung:** durch die bKV verbessert der Arbeitgeber die medizinische Versorgung seines Mitarbeiters. Er erhält Leistungen, die von der gesetzlichen Krankenversicherung nicht finanziert werden. Es entsteht eine Arbeitgeberbindung, da diese bessere medizinische Versorgung an den Arbeitgeber gebunden ist. Der Mitarbeiter bekommt etwas, was er bei einem anderen Unternehmen nicht hätte.

- **Ökonomischer Nutzen:** die bKV als Nebenleistung kann Kosten in Abhängigkeit von dem Einsatz senken. In Betracht kommen Recrutingkosten, Fluktuationskosten und krankheitsbedingte Ausfallkosten.

- **Stärkung der Arbeitgebermarke:** die bKV kann auch direkt als Teil einer Employer Branding Strategie verstanden und eingesetzt werden. In diesem Fall ist es wichtig, die bKV nichts als Versicherungsprodukt des privaten Versicherungsunternehmens zu vermarkten, sondern vielmehr als Gesundheitskonzept der jeweiligen Firma des Kunden. Unterstützt werden kann ein solcher Ansatz durch gebrandete Unterlagen im „look and feel" der Firma und durch die Implementierung der bKV in das vorhandene Benefitsystem.

Nach der Frage des personalpolitischen Ziels und dem relevanten Wirkungsfeld, stellt sich die Frage, welches Produkt gewählt werden soll. Eine mögliche Hilfestellung kann es sein, sich zu fragen, ob es eher ein Gesundheitskonzept oder ein Versorgungskonzept sein soll.

Gesundheitskonzepte sind für alle Mitarbeiter unabhängig von Alter, Geschlecht, Gesundheitszustand nutzbar, da die Leistung nicht an ein Schadensereignis geknüpft ist. Es geht also immer um die Themen Vorsorge und Prävention.

Bei einem Versorgungskonzept erhält der Mitarbeiter eine Leistung, sobald ein bestimmter Leistungsfall eingetreten ist. Ein gutes Beispiel ist der Zahnersatz. Wenn ein Mitarbeiter dringend Zahnersatz benötigt, wird er sich sicherlich über diese Leistung freuen.

Eine zweite Frage ist die Frage nach der Erlebbarkeit: soll es eine regelmäßige und wiederkehrende Leistung wie zum Beispiel das Thema jährliche Zahnreinigung oder eine worst case- Absicherung wie beispielsweise der Fall eines Krankenhausaufenthalts sein. Soll der Mitarbeiter eher häufige, dafür kleinere Leistungsbezüge erhalten oder eine seltene, dafür aber kostspieligere Leistung

Tarifbestandteil dental
Die Leistungen für Zahnersatz der gesetzlichen Krankenkassen sind durch unzählige Reformen immer weiter abgesunken. Seit

2005 erhält man einen sog. befundorientierten Festzuschuss[100], der immer nur einen Teil der tatsächlichen Kosten in Abhängigkeit von der gewählten Leistung deckt. Dieser Festzuschuss kann max. um 30 % gesteigert werden, wenn zehn Jahre durchgehende Zahnvorsorge schriftlich mittels Bonusheft nachgewiesen werden. Der Festzuschuss bezieht sich immer nur auf die einfache Regelversorgung. Die darüberhinausgehenden Kosten, zum Beispiel für höherwertige Materialien oder aufwendigere Lösungen, muss der Patient aus eigenen Mittel beisteuern. Das gilt auch für einige Vorsorgeleistungen, wie zum Beispiel eine professionelle Zahnreinigung, die nur von einigen Krankenkassen angeboten wird.

Es muss zwischen Leistungen für Zahnbehandlung und/oder Zahnvorsorge einerseits und Leistungen für Zahnersatz andererseits unterschieden werden. Es können also Leistungen für Zahnprophylaxe, Parodontosebehandlungen und Füllungen versichert werden. Und/oder Leistungen, die sich an den Kosten von Zahnersatz wie Brücken, Kronen oder Implantaten beteiligen. Es gibt Tarife, die sich prozentual beteiligen oder mit einem festen Euro-Betrag pro Jahr leisten. Fehlende Zähne bzw. begonnene Behandlungen können vom Versicherungsschutz ausgeschlossen sein.

Tarifbestandteil ambulant
Diese Tarife schließen die ambulanten Leistungslücken der gesetzlichen Krankenversicherung und bieten Ergänzungen für beispielsweise Heilpraktikerkosten und Sehhilfen:

---

[100] Festzuschuss-Richtlinie des Gemeinsamen Bundesausschusses, Stand 01.04.2018.

Heilpraktikertarife: Auch, wenn sich die gesetzlichen Krankenkassen im Rahmen ihrer jeweils eigenen Möglichkeiten dem Thema Naturheilverfahren/ Heilpraktiker etwas geöffnet haben, kann bei den allermeisten Kassen von einer umfassenden Versorgung nicht die Rede sein. Allerdings gibt es andererseits eine große Nachfrage nach "sanfter Medizin" als Alternative zur Schulmedizin. Heilpraktikertarife beteiligen sich prozentual oder mit einem festen Euro-Betrag an den im Kalenderjahr entstandenen Kosten, für die Behandlung und die verordneten Medikamente.

Sehhilfen: Brillen (auch Bildschirmarbeitsbrillen) und Kontaktlinsen sind für Erwachsene praktisch aus dem Katalog der gesetzlichen Krankenversicherung verschwunden. Umso mehr freuen sich Brillenträger, wenn sie sagen können: „Diese Brille hat mein Chef bezahlt!" Für Brillen und/oder Kontaktlinsen wird in der Regel ein fester Betrag innerhalb einer festen Zeitspanne geleistet. Vorteil: Brillenträger kommen in den Genuss, auch wenn sich die Sehkraft gar nicht verschlechtert hat.

Tarifbestandteil Vorsorge

Die Tarife für eine bKV, die sich mit dem Thema Vorsorge befassen, sind für beide Seiten, Arbeitnehmer wie Arbeitgeber, interessant. Für den Arbeitnehmer ist eine arbeitgeberfinanzierte bKV der berühmte geschenkte Gaul, dem man, dem Volksmund gemäß, nicht ins Maul schaut. Man freut sich einfach. Der Arbeitgeber kann zwei Fliegen mit einer Klappe schlagen. Nämlich die imagefördernde bKV installieren und gleichzeitig auch einen Nutzen erzielen, der zur Refinanzierung beiträgt. In besonderer Weise eignen sich dazu Tarife mit zusätzlichen Vorsorgeleistungen, die das Angebot der gesetzlichen Krankenversicherung komplementieren.

Es kann durch regelmäßige Vorsorge die Gesundheit und damit die Arbeitskraft erhalten werden: Ein Nutzen für alle, der nur zu deutlich auf dem Tisch liegt. Die regelmäßige Vorsorge beim Zahnarzt ist für viele zur Selbstverständlichkeit geworden. Bei sonstiger Vorsorge herrscht überwiegend Zurückhaltung. Entsprechende bKV-Tarife für zusätzliche Vorsorge-untersuchungen können nun helfen. Die Angebotspalette ist bunt gemischt. Versicherbar sind z.B. folgende Vorsorge-untersuchungen:

- Krebsvorsorge
- Erweiterte Laboruntersuchungen
- internistische Untersuchungen (z.B. Belastungs-EKG)
- videogestützte Hautkrebsvorsorge
- Glaukom- Vorsorge
- Erschöpfungs-Prophylaxe (Burn-Out)
- Umfassende Komplettuntersuchungen (sog. Manager-Vorsorge)
- Telemedizin und/oder Videotelefonie

Das ist nur eine kleine Auswahl der vorhandenen und versicherbaren Untersuchungen. Vorsorgetarife werden ohne Gesundheitsfragen angeboten.
Einige Anbieter am Markt bieten Vorsorgetarife in Form von selbsterklärenden und sich selbst in Erinnerung bringenden Gutscheinen für Vorsorgeuntersuchungen an. Bei dieser Form

86

muss der Mitarbeiter nicht wie sonst üblich in Vorleistung gehen, sondern der Arzt kann direkt mit dem Versicherer abrechnen. Andere Anbieter haben eine Budgetlösung im Programm. Hierbei kann pro Kalenderjahr ein fest definierter Betrag für Vorsorgeleistungen eingesetzt werden.

Tarifbestandteil stationär
Wer in unserem Land ins Krankenhaus muss, kommt da natürlich auch hin. Bei einem Notfall ins nächstgelegene, geeignete. Und das so schnell wie möglich. Aber auch bei einem geplanten Krankenhausaufenthalt kommen gesetzlich Versicherte in das nächstgelegene, geeignete Krankenhaus. Wenn davon abweichend ein anderes Krankenhaus gewählt wird, können Zusatzkosten (zum Beispiel, weil das gewählte Krankenhaus einen höheren Tagessatz hat, als das nächstgelegene, geeignete) entstehen, die der Patient alleine zu tragen hat. Daher unterbleibt es in manchen Fällen, das Wunschkrankenhaus und auch den Wunscharzt zu wählen. In einem auch psychisch so sensiblen Bereich, wie einer Operation, eine nicht immer förderliche Entscheidung.

Außerdem wird immer wieder von längeren Wartezeiten bei Facharztterminen für gesetzlich Versicherte berichtet. Insofern kommt der stationären Versorgung der Mitarbeiter auch aus Sicht des Arbeitgebers eine besondere Bedeutung zu. Wenn seine Mitarbeiter bei einer notwendigen, stationären Versorgung ins beste Krankenhaus dürfen und vom Wunscharzt behandelt werden können und das auch noch umgehend, kann von einer schnelleren Genesung ausgegangen werden. Kurzum: der schmerzlich vermisste Kollege ist schneller wieder am Arbeitsplatz.

Auch in diesem Baustein gibt es verschiedene Tarifausgestaltungsmöglichkeiten. Bei den Wahlleistungen, also freie Krankenhauswahl und freie Arztwahl im Krankenhaus sowie Unterbringung in einem 1- oder 2-Bettzimmer, wird nach der Ursache des Krankenhausaufenthaltes differenziert:

- ausschließlich nach Arbeitsunfällen
- ausschließlich nach Unfällen aller Art
- ausschließlich nach Unfällen aller Art und schweren Erkrankungen
- ausschließlich bei schweren Erkrankungen
- unabhängig von Grund und Ursache

Die letztgenannte Variante ist die konsequenteste, weil sie bei jedem Krankenhausaufenthalt für die Wahlleistungen sorgt. Sie ist natürlich auch die preislich anspruchsvollste. Es lohnt sich aber, darüber nachzudenken, denn bei den anderen Varianten kann es zu Abgrenzungsproblemen kommen. Welche Diagnose gehört jetzt noch zum Unfall und welche nicht. Das ist zwar ein eher theoretischer Einwand, soll aber nicht unerwähnt bleiben.

Auch diese Angebote werden ohne Gesundheitsfragen angeboten und je nach Anbieter als uniage Tarif ohne eine einkalkulierte Rücklage für die Beiträge im Alter (sog. Alterungsrückstellungen). Es können bereits vorhandene Vorerkrankungen allerdings vom Versicherungsschutz ausgeschlossen sein. Eine qualifizierte Analyse der vorhandenen Angebote ist unerlässlich. Der unabhängige Berater hilft sicher gerne.

Tarife mit und ohne Gesundheitsfragen

Bei den Anbietern für eine bKV hat sich das Angebot durchgesetzt, Tarife im Wesentlichen ohne Gesundheitsfragen anzubieten. Damit ergeben sich für den Arbeitgeber, der überlegt eine bKV zu installieren, folgende Vorteile:

1. Es kann aus gesundheitlichen Gründen niemand ausgeschlossen werden. So erhalten alle Mitarbeiter die Vorteile der bKV.
2. Mitarbeiter, die auf dem freien Markt keinen Vertrag bekommen würden, kommen jetzt auch in den Genuss des Versicherungsschutzes und erfahren damit einen deutlichen Mehrwert.
3. Die Mitarbeiter brauchen keine Sorge haben, dass Gesundheitsangaben, auf welchem Weg auch immer, beim Betrieb landen. Die Angaben werden gar nicht erfasst.

Außerdem kommt es zu keinen Komplikationen in der Frage der Gleichbehandlung der Mitarbeiter. Die Tatsache, dass der Versicherungsschutz in der bKV ohne die bei Einzelverträgen übliche Gesundheitsprüfung möglich ist, ist für viele Mitarbeiter ein entscheidender Vorteil, der im positiven Sinne auf den Arbeitgeber zurückfällt. Auch in der Beratung ist dies ein triftiges Argument für die Einrichtung einer bKV.

Diese Vorgehensweise – ohne Gesundheitsfragen – ist für die Versicherungsgesellschaft machbar, da im Rahmen der bKV immer ganze Gruppen von Mitarbeitern versichert werden, so dass sowohl Menschen mit als auch ohne Vorerkrankungen dabei sind.

Pflegezusatzversicherung
Mehr als jeder Zweite wird in seinem Leben pflegebedürftig. Die Unterfinanzierung der von der Pflege betroffenen Haushalte ist in aller Munde. Mit einem Pflegetagegeld wird je nach Pflegegrad eine Summe vereinbart, die der Pflegepatient zur freien Verfügung ausgezahlt bekommt.

Krankentagegeld
Im Krankheitsfall zahlt ein Arbeitgeber üblicherweise sechs Wochen den Lohn weiter. Danach gibt es eine Lohnersatzleistung von der gesetzlichen Krankenkasse. Die ist aber nicht so hoch, wie das Nettoeinkommen. Es muss mit Einbußen von mindestens 25% gerechnet werden. Ein Krankentagegeld schließt diese Lücke.[101]

Privatpatient und doch gesetzlich versichert
Besserverdienende Angestellte stehen irgendwann vor der Entscheidung, weiter gesetzlich krankenversichert zu bleiben oder eine private Krankenversicherung zu wählen. Manche bleiben in der gesetzlichen Kasse, weil sie entweder schon eine Vorerkrankung haben oder aber ihre Lebens- und Familienplanung einen Verbleib vorteilhaft erscheinen lässt. Oder sie scheuen den Übertritt aus sonstigen Gründen. Aber die besseren Leistungen einer privaten Krankenversicherung nutzen, das möchten natürlich trotzdem alle.

---

[101] Damit der Tarif Krankentagegeld seine sinnvolle Wirkung entfalten kann, empfehlen die Autoren dem Arbeitgeber, die Beiträge auch bei längerer Krankheit zu zahlen oder, soweit möglich, eine Beitragsbefreiung zu vereinbaren.

Es gibt einen Weg das eine zu tun – sich privat zu versichern – ohne das andere zu lassen – die gesetzliche Kasse zu verlassen. Allerdings bedarf es des Antrages des Mitarbeiters bei seiner GKV auf Umstellung in das „Kostenerstattungsprinzip"[102]. Also die Möglichkeit bei der GKV eine Arztrechnung einreichen zu können und die Kosten in Euro erstattet zu bekommen. Dieser Erstattungsbetrag der GKV reicht natürlich nicht, um eine private Arzt-, Zahnarzt- oder Krankenhausrechnung zu bezahlen. Daher braucht es jetzt spezielle Zusatzbausteine der über den Arbeitgeber finanzierten privaten Krankenversicherung, die gemäß Tarif die Differenzkosten übernehmen.

Der Versicherte hat also zwei Versicherungen. Nach Erhalt einer Rechnung bekommt er einen Teil von der GKV erstattet, einen weiteren Teil von der Zusatzversicherung und kann damit die Rechnung beim Leistungserbringer begleichen. Vorteil: der Versicherte nutzt die vollen Vorteile einer privaten Krankenversicherung, ohne dass er die gesetzliche Kasse verlassen muss. Nachteil: der Verwaltungsaufwand bei der Implementierung für den Arbeitgeber, da jeder Mitarbeiter einzeln angesprochen werden und bei seiner jeweiligen GKV den Antrag auf Wechsel in das Kostenerstattungsprinzip stellen muss. Dazu kommt der Aufwand im Alltag bei der Nutzung für den Arbeitnehmer, da er immer eine Rechnung bei zwei Versicherern einreichen muss.

Neben den hier näherbeschriebenen Bereichen der ambulanten, dentalen Tarife, Krankenhaus- und Vorsorgetarifen gibt es noch eine Vielzahl weiterer Bereiche.

---

102 Vgl. § 13 SGB V

91

Ein unabhängiger Berater, der Zugriff auf den gesamten Markt hat, kann helfen, den Überblick zu bekommen und das gewünschte Produkt zu finden.

27 Vorteile für Arbeitgeber und Personaler

Die Vorteile einer arbeitgeberfinanzierten bKV sind so vielfältig, dass diesem Konzept mit Recht eine große Zukunft vorhergesagt werden kann. Im Einzelnen lassen sich aus Sicht des Arbeitsgebers folgende Vorteile nennen:

- **Erhöhung der Unternehmensattraktivität** im „war of talents". Der Kampf um gut ausgebildete Mitarbeiter führt zu einer heftigeren Konkurrenz unter den Arbeitgebern als bisher schon. Gerade kleinere Unternehmen sehen sich häufig gegenüber großen Betrieben benachteiligt. Mit einer bKV kann sich der Arbeitgeber für den Markt attraktiv machen und das zu günstigen Konditionen.
- Deutlich sichtbare und gelebte Übernahme **sozialer Verantwortung** des Arbeitgebers durch Schließung der Versorgungslücken in der Gesundheitsversorgung der Mitarbeiter oder deren sinnvolle Ergänzung. Die Bedeutung von Nebenleistungen neben dem klassischen Lohn und Gehalt nimmt weiter zu und macht das Gesamtbild eines Unternehmens aus.

- **Senkung von Personalkosten**. Eine bKV kann die Kosten von Absentismus und Präsentismus[103] senken und somit dem Arbeitgeber zu mehr Liquidität, Produktivität und damit Wettbewerbsfähigkeit verhelfen. Eine eingespielte Mannschaft, die dauerhaft zusammenspielen kann, wird besser und effektiver agieren, als wenn Schlüsselspieler ausfallen und durch ungeübte ersetzt werden müssen.

- Bessere medizinische Versorgung heißt **weniger** und wenn doch, dann **kürzere Ausfallzeiten** von kranken Mitarbeitern. Womit wir bei der Übersetzung des vorhergenannten Punktes angekommen wären. Eine klug installierte bKV nützt dem Arbeitgeber, weil seine Mitarbeiter besser behandelt werden und/oder weil es zu einer umfangreicheren Prävention kommt.

- **Wertgeschätzte Nebenleistung** durch sofort erlebbare Mehrwerte für Mitarbeiter. Anders als zum Beispiel die betriebliche Altersvorsorge kann der Mitarbeiter umgehend medizinische Leistungen, wie beispielsweise eine professionelle Zahnreinigung in Anspruch nehmen und erlebt unmittelbar den persönlichen Nutzen. Die bAV ist enorm wichtig, aber ihren Nutzen erfährt der Mitarbeiter erst, wenn sein Arbeitsleben rum ist.

- **Schlanke, ausgelagerte Prozesse** bei der Nutzung der bKV. Die Personalabteilung hat mit der Leistungsnutzung der Mitarbeiter nichts zu tun, das läuft alles auf direktem Weg zwischen den Mitarbeitern und dem Versicherer. Das spart Verwaltung, erhöht den Datenschutz und sorgt insgesamt für eine bessere Nutzung.

---

[103] Vgl. Kapitel 6.

93

- **Sozialkompetenz und Familienfreundlichkeit** signalisieren. Ein Unternehmen verbessert die Lebensqualität der gesamten Familie, indem es den Familienangehörigen ebenfalls die Möglichkeit geben kann, an den Leistungen der bKV (eigenfinanziert zu stark rabattierten Gruppenkonditionen und meist ohne Gesundheitsprüfung) zu partizipieren.

- **Höhere Mitarbeiterbindung und verbessertes Betriebsklima.** Das „Wir-Gefühl" in der Firma wird gestärkt: „Wir sind unserem Arbeitgeber wichtig". Die daraus resultierende Loyalität zum Unternehmen steigert die Wertschöpfung Ihres Unternehmens durch bessere Leistungsfähigkeit und erhöhte Produktivität.

- **Keine Anträge einzelner Mitarbeiter,** sondern in der Regel nur ein Gruppenvertrag zwischen dem Arbeitgeber und dem Versicherer. Der Mitarbeiter ist lediglich die versicherte Person und muss daher auch nichts unterschreiben, wenn das Thema Datenschutz[104] geregelt ist.

Diese Auflistung, die keineswegs der Anspruch auf Vollständigkeit erhebt, zeigt, dass die Einrichtung einer bKV eine sinnvolle Investition des Arbeitgebers in seine Mitarbeiter und sein Unternehmen ist und viele Vorteile für Unternehmen bringt.

---

[104] Vgl. Kapitel 31

28 Vorteile für Arbeitnehmer und Betriebsräte

Aber nicht nur die Arbeitgeber haben Vorteile, auch die Arbeitnehmer profitieren. Die Liste der Vorteile aus Sicht des Arbeitnehmers ist ebenfalls lang und gleichzeitig ein Grund für die Annahme, dass die bKV sich weiter als innovative Nebenleistung durchsetzen wird:

- **Keine Kosten für Mitarbeiter**. In der Regel wird der Arbeitgeber die vollständigen Kosten der bKV finanzieren, so dass das Nettoeinkommen des Mitarbeiters unverändert bleibt.

- Meist **keine Zugangshürden** wie Gesundheitsfragen, Wartezeiten oder Leistungsausschlüsse. Der Mitarbeiter hat eine Aufnahmegarantie.

- **Sofort erlebbarer Nutzen** durch den unmittelbaren Zugang zu medizinischen Leistungen, wie beispielsweise eine professionelle Zahnreinigung. Bei vielen anderen, dennoch wichtigen, Nebenleistungen erfährt der Mitarbeiter den Nutzen erst nach einer gewissen Zeit oder wenn sein Arbeitsleben rum ist (wie z.B. bei der bAV).

- **Bessere Leistungen**. Der Leistungskatalog der gesetzlichen Krankenversicherung wird sinnvoll durch Zusatzleistungen aus einer bKV ergänzt.

- Unter Umständen kann eine bereits bestehende, aus eigenen Mitteln bezahlte Zusatzversicherung abgelöst werden. Inwieweit das sinnvoll ist, ob sich die Leistungen einer bKV mit denen der bestehenden Zusatzversicherung überschneiden, ob man die bestehende ruhen lassen kann und sollte, sind anstehende Detailfragen, die einer Klärung bedürfen, bevor voreilig ein bestehender und bewährter Vertrag gekündigt wird. Der Arbeitnehmer sollte sich unbedingt von einem erfahrenen, unabhängigen Berater begleiten lassen.

- **Schutz auch für Familienangehörige**. Die Versicherungsleistungen können zu günstigen Konditionen und teilweise sogar auch ohne (umfassende) Gesundheitsprüfung von der Familie genutzt werden. Die Beitragszahlung hierfür übernimmt natürlich der Arbeitnehmer.

- **Weiterversicherung** beim Ausscheiden aus dem Unternehmen möglich, wenn gewünscht.

Gesundheit ist ein hohes Gut für jeden Menschen. Und die Entwicklung am Markt zeigt, dass der Wunsch und die Bereitschaft die eigene Gesundheitsversorgung durch eigene Vorsorge zu verbessern, ungebrochen ist. Die bKV bietet dafür einen exzellenten Rahmen, der Arbeitgebern und Arbeitnehmern gleichermaßen Vorteile bietet und somit eine ausgesprochene Win-Win-Lösung für alle Beteiligten darstellt.

29 Vorteile für Berater

Die bKV ist aber nicht nur aus der Kundensicht für Arbeitgeber und Arbeitnehmer attraktiv, sondern auch für Versicherungsberater. Die Wachstumszahlen der bKV steigen stetig und aktuell liegt die Zahl der versicherten Personen in der bKV bei über 600.000. Dahinter stehen fast 5.000 Unternehmen, die ihren Mitarbeitern diese Zusatzleistung anbieten.[105] Folgende Vorteile bietet der bKV- Markt Beratern:

- **Hohes Neugeschäftspotenzial.** Auch wenn die Zahlen in den vergangenen Jahren gewachsen sind, ist das Neugeschäftspotenzial noch nicht ansatzweise ausgereizt. Die Wahrscheinlichkeit in der Firmenkundenberatung auf eine vorhandene bKV zu stoßen, ist noch gering. Es geht also nicht wie in vielen anderen Bereichen, um ein hartumkämpftes Verdrängungsgeschäft, sondern echtes Neugeschäft.

- **Umfangreiche Unterstützung** durch die Versicherer. Einige Versicherer bieten hochspezialisierte Unterstützung für das bKV Geschäft und zwar von der Erstansprache eines potenziellen Firmenkundens über die Kommunikation in der Belegschaft bis hin zur laufenden Betreuung.

- **Keine Auseinandersetzung mit Gesundheitsfragen.** Krankenversicherungsgeschäft ist in der Regel durch Gesundheitsprüfungen komplex und haftungsintensiv. Die bKV hingegen ist frei von diesen Hürden.

- **Keine Einzelberatung von Mitarbeitern**, sondern nur der Vertragsschluss mit dem Arbeitgeber. Und vor allem auch keine lästigen Anträge, sondern üblicherweise die listenmäßige Erfassung der Mitarbeiterdaten.

- **Guter Einstieg für Cross- Selling- Maßnahmen.** Durch die Implementierung einer bKV beweist der Berater Kompetenz im sensiblen Bereich Personal und Neben-

---

[105] PKVpublik Nr. 10-2017 des Verbandes der Privaten Krankenversicherung e.V., Dezember 2017.

97

leistungen. Außerdem kennt er durch die Beratung die individuellen Herausforderungen des Unternehmens. Diese Vertrauensbasis bietet die ideale Grundlage für den Einstieg in weitere gemeinsame Geschäfte mit dem Firmenkunden. Darüber hinaus kann aber auch, sofern das gewünscht ist, in die Beratung einzelner Mitarbeiter und deren Familienangehörigen eingestiegen werden, so dass auch hier noch Neugeschäftspotenzial im Privatkundengeschäft die Folge ist.

Diese Vorteile des Geschäftsfeldes bKV sind für alle Arten von Versicherungsberatern interessant. Besonders spannend ist jedoch auch die Verknüpfung der Themen bAV und bKV. Die bAV sorgt für finanzielle Sicherheit im Alter der Mitarbeiter und die bKV sorgt für bessere Gesundheitsvor- und versorgung während des Berufslebens. Beides sind aus Sicht eines Arbeitgebers Nebenleistungen, die es gut zu vermarkten gilt, um die eigene Attraktivität zu steigern.

30 Arbeitsrecht und bKV

Der Arbeitgeber schließt mit einem Privaten Versicherungsunternehmen einen Gruppenversicherungsvertrag und somit ist die externe Ebene zwischen dem Arbeitgeber und dem Versicherungsunternehmen geregelt. Der Arbeitgeber ist der Versicherungsnehmer und der Arbeitnehmer hat dabei auf die vereinbarten Versicherungsleistungen einen unmittelbaren Rechtsanspruch gegen das Versicherungsunternehmen.

Geregelt werden muss dann noch die interne Beziehung zwischen dem Arbeitgeber und seinem Arbeitnehmer. Die gesetzlichen Regelungen[106], beinhalten aber keine spezifischen Paragraphen für die bKV. Ein Gesetz, wie es mit dem Betriebsrentengesetz (BetrAVG) oder auch dem Betriebsrenten-stärkungsgesetzt (BRSG) für die bAV existiert, gibt es für die bKV nicht. Für die Beurteilung des Verhältnisses zwischen Arbeitgeber und Arbeitnehmer und auch für die Entscheidung von Rechtsstreitigkeiten beim Arbeitsgericht müssen daher sowohl die allgemeinen gesetzlichen Vorschriften ausgelegt und (mühsam) angewandt, als auch die bisher von der arbeits-gerichtlichen Rechtsprechung gefällten Urteile aus anderen Bereichen herangezogen werden.

Bisher existieren keine Urteile zur bKV, zumindest nicht in Bezug auf das Arbeitsrecht, sondern nur auf die Versteuerung etc. der Beiträge. Wie daher die Arbeitsgerichte bestimmte Streitigkeiten entscheiden werden, ist im Einzelfall noch völlig offen. Es kann daher nur jedem Arbeitgeber dringend geraten werden, klare arbeitsrechtliche Regelungen für die bKV zu schaffen und somit die Transparenz zu erhöhen.

Regelungsbedarf besteht vor allem in Bezug auf die folgenden Fragen:

- wer bekommt,

- was,

- von wem,

---

[106] Vgl. §§ 611 ff BGB.

- ab wann,
- und bis wann?

Betriebliche Übung

Ein weiteres Argument für eine Versorgungsordung oder eine andere Regelung der bKV gegenüber den Arbeitnehmern ist die betriebliche Übung. Sagt der Arbeitgeber den Mitarbeitern nicht ausdrücklich Leistungen der bKV in Form einer Versorgungsordung zu, gewährt sie aber dennoch, kann sich nämlich ein dauerhafter Anspruch aus der betrieblichen Übung ergeben. Eine betriebliche Übung entsteht, wenn der Arbeitgeber bestimmte Verhaltensweisen regelmäßig wiederholt (beispielsweise 3 Jahre in Folge) und die Arbeitnehmer aufgrund dessen annehmen dürfen, dass ihnen bestimmte Leistungen auf Dauer gewährt werden und sie darauf vertrauen.

Gruppenbildung

Grundsätzlich kann der Arbeitgeber die Leistungen aus der bKV entweder allen Mitarbeitern oder einer festen, sachlich umschriebenen Gruppe zukommen lassen. In diesem Zusammenhang ist der Gleichbehandlungsgrundsatz zwingend zu beachten. Er verbietet nicht nur die willkürliche Schlechterstellung einzelner Arbeitnehmer innerhalb einer Gruppe, sondern auch sachfremde Gruppenbildung.[107]

Eine Möglichkeit ist es beispielsweise ein sachliches Kollektiv anhand der Betriebszugehörigkeit zu bilden (z.B. alle Mitarbeiter mit mehr als 5 Jahren Betriebszugehörigkeit, erhalten eine bKV.) Der Arbeitgeber entscheidet bei der obligatorischen bKV über Art und Umfang der Tarife.

---

[107] BAG, Urteil vom 21.01.2014 – 3 AZR 362/11.

Eine kollektive Regelung ist entweder in Form einer Versorgungsordnung als einseitige Erklärung des Arbeitgebers gegenüber den Arbeitnehmern möglich. Oder eben als gemeinsame Willenserklärung in Form einer Betriebsvereinbarung, sofern es einen Betriebsrat gibt.

Es besteht die Möglichkeit einen Fachanwalt für Arbeitsrecht mit der Erstellung zu betrauen.
Eine andere Möglichkeit ist es die Muster- Versorgungsordnungen der jeweiligen Versicherer zu nutzen, jedoch sind diese dann rechtlich unverbindlich und stellen immer nur eine Empfehlung dar. Die in der Versorgungsordnung getroffene Annahmen sind individuell mit jedem Unternehmen abzustimmen.

31 Steuerrecht und bKV

Mit einer bKV schließt ein Arbeitgeber für seine Belegschaft eine Zusatzversicherung ab, wobei er die Beiträge übernimmt. Die sich daraus ergebenden steuerlichen Aspekte sollen hier kurz dargestellt werden, immer unter der Annahme, dass das Nettoeinkommen des Mitarbeiters sich nach Einführung der bKV nicht verändern soll. Voraussetzung dafür ist, dass der Arbeitgeber sämtliche Kosten trägt.
Auf die Erläuterungen zu der Möglichkeit der anteiligen Übernahme der Kosten durch den Arbeitnehmer wird an dieser Stelle verzichtet.

Grundsätzlich ist die bKV als Barlohn zu klassifizieren und somit lohnsteuer- und sozialabgabenpflichtig. Der Arbeitgeber kann zwischen der Pauschalversteuerung nach § 40 EStG oder der Nettolohnversteuerung wählen.

Pauschalversteuerung nach § 40 EStG

Die Voraussetzungen für die Pauschalierung sind:

- Jährliche Zahlung der Beiträge, damit ein sonstiger Bezug beim Mitarbeiter vorliegt.

- Pauschalierung von sonstigen Bezügen nur bis zu 1.000 Euro je Mitarbeiter und Kalenderjahr möglich.

- Gewährung der bKV für eine größere Anzahl von Mitarbeitern (mindestens 20 Arbeitnehmer).
  Bei weniger als 20 Arbeitnehmern ist die Gewährung ebenfalls möglich. Hierbei sind die besonderen Verhältnisse des Arbeitgebers zu berücksichtigen und es muss mit der Pauschalierung ein Vereinfachungseffekt erzielt werden[108].

Die Beantragung der Pauschalversteuerung erfolgt unternehmensabhängig über das zuständige Betriebsstätten Finanzamt mit folgenden Angaben:

- Anzahl der insgesamt betroffenen Arbeitnehmer je Steuerklasse

- Durchschnittlich gezahlte sonstige Bezüge (Beitrag zur bKV) je Arbeitnehmer

- Durchschnittliche Jahresarbeitslöhne der betroffenen Arbeitnehmer

---

[108] R 40.1 Abs. 1 LStR 2011/2013

Die notwendige Anfrage beim Betriebsstätten Finanzamt ist nach § 42e EStG gebührenfrei.

Auf die Beiträge, die als sonstige Bezüge gelten, fallen Sozialversicherungsbeiträge an. Die vom Arbeitgeber übernommenen Arbeitnehmeranteile zur Sozialversicherung stellen einen geldwerten Vorteil dar, der bei der Ermittlung des Pauschalsteuersatzes zusätzlich vom Finanzamt berücksichtigt wird.

Vorteile:

- Vereinfachungseffekt in der Verwaltung.
- In der Regel Skonto des Versicherungsbeitrages durch die jährliche Zahlung.

Nachteile:

- Jährliche Zahlweise, somit wird dem Unternehmen vorzeitig Liquidität entnommen.
- Bei unterjährigen Austritten muss die zu viel gezahlte Pauschalsteuer vom Finanzamt zurückgefordert werden.
- Die Steuerart muss in den meisten Fällen im Lohnabrechnungssystem technisch neu angelegt werden, was zu zusätzlichen Kosten führt.
- Die Ermittlung des Pauschalsteuersatzes sowie die Anfrage beim Betriebsstätten-Finanzamt führen ggf. zu Steuerberatungskosten.

Sofern die Pauschalversteuerung nach § 40 EStG nicht möglich oder nicht gewünscht ist, besteht weiterhin die Möglichkeit der Nettolohnversteuerung.

Nettolohnversteuerung

Bei der Nettolohnversteuerung wird der bKV-Beitrag als Nettolohn betrachtet und individuell je Mitarbeiter unter Berücksichtigung der Lohnsteuermerkmale auf den Bruttolohn hochgerechnet. Es muss daher kein Antrag beim Betriebsstätten-Finanzamt gestellt werden. In der Lohnbuchhaltung wird der bKV-Beitrag jeden Monat als sonstiger Bezug angesetzt.

Der Arbeitgeber trägt neben den Kosten des bKV-Beitrages auch die zusätzlich anfallenden Kosten zur Lohnsteuer und den Sozialversicherungsabgaben. Und es erfolgt keine wirtschaftliche Belastung beim Arbeitnehmer – das Nettogehalt des Arbeitnehmers bleibt somit unberührt.

Vorteile:

- Es wird keine Liquidität blockiert, da der bKV-Beitrag monatlich entrichtet wird (jährliche Zahlweise ist ebenfalls möglich, um Skonto zu erhalten).

- Eine Betriebsstätten-Finanzamt-Anfrage ist nicht notwendig.

- Die Lohnsteuerart ist üblicherweise bereits im Lohnabrechnungssystem hinterlegt.

- Eine Berechnung der Pauschalsteuer ist nicht notwendig. Das Unternehmen spart somit zusätzliche Kosten (interne und externe Kosten) ein.

Nachteile:

- Die monatliche Verbuchung verursacht ggf. einen höheren Verwaltungsaufwand (in Abhängigkeit von dem gewählten Lohnbuchhaltungsprogramm).

Sowohl bei der Nettolohnversteuerung als auch bei der Pauschalversteuerung handelt es sich bei den Aufwendungen des Arbeitgebers zur bKV um Betriebsausgaben.

Musterberechnung:

bKV Beitrag pro Monat und Mitarbeiter	10,00 €
+ Lohnsteuer	2,39 €
+ Solidaritätszuschlag	0,13 €
+ Kirchensteuer	0,10 €
+ Sozialversicherungsbeiträge (gesamt)	4,00 €
= bKV Aufwand pro Monat und Mitarbeiter	16,62 €
- Ersparnis a. Körperschaftsteuer u. Solidaritätszuschlag	2,63 €
- Ersparnis aus Gewerbesteuer	2,73 €
= effektiver bKV Beitrag pro Monat und Mitarbeiter	11,26 €

Annahme: GmbH mit Sitz in Hamburg, durchschnittlich 35.000 Euro Jahres- Bruttoeinkommen, durchschnittliche Lohnsteuerklassenverteilung

Insgesamt stellt sich die Nettolohnvariante als die in der Regel praxistauglichere Variante dar, da keine vorherige Anfrage beim Finanzamt einzuholen ist und auch laufende Veränderungen wie Personalzu- und abgänge monatsgenau berücksichtigt werden können.

32 Lohnbuchhaltung und bKV

Die Beiträge zur arbeitgeberfinanzierten bKV stellen eine Erhöhung des Einkommens bei jedem einzelnen Mitarbeiter dar. Dies kann grundsätzlich im Lohnbuchhaltungssystem einfach und schnell umgesetzt werden. Allerdings gibt es in Deutschland unzählige Lohnbuchhaltungsprogramme, so dass hier nur die allgemeinen Schritte zur Implementierung der bKV in der Lohnbuchhaltung dargestellt werden können. Zu den gängigsten Anbietern zählen DATEV, Sage, SAP und Lexware.

Die bKV-Beiträge unterliegen der Sozialversicherungspflicht. Unabhängig von der steuerrechtlichen Betrachtung erfolgt die Abführung analog mit dem laufend gezahlten individuellen Arbeitslohn.

Hierzu muss folgendes beachtet werden:

- Für Arbeitnehmer, die oberhalb der Beitragsbemessungsgrenze verdienen, fallen keine Sozialversicherungsbeiträge an.

- Für privat krankenversicherte Arbeitnehmer fallen keine Kranken- sowie Pflegeversicherungsbeiträge an.

- Die zusätzlich abgeführten Sozialversicherungsbeiträge erhöhen bis zur Beitragsbemessungsgrenze den gesetzlichen Rentenanspruch.

- Eine manuelle Ermittlung ist nicht notwendig, da die Abrechnung automatisch erfolgt.

- Eine gesonderte Meldung über die Lohnbuchhaltung ist nicht erforderlich.

Die Nettolohnverbeitragung kann folgendermaßen im Lohnbuchhaltungsprogramm hinterlegt werden:
1. Anlage einer neuen Lohnart
2. Ermittlung der Stammlohnart
3. Hinterlegungen innerhalb der Stammlohnart
Steuern Sie anschließend innerhalb der Gehaltsabrechnung die neu angelegte Lohnart an und geben Sie den bKV-Beitrag ein.

Der Aufwand für die Einrichtung einer neuen Lohnart inklusive der zugehörigen Stammlohnart ist überschaubar.

33 Private Krankenversicherung und bKV

Zusatzversicherung
Grundsätzlich sind eine bKV und eine privat bereits abgeschlossene Krankenzusatzversicherung unabhängig voneinander. Der Abschluss des einen Versicherungsvertrages hat keine direkten Auswirkungen auf den anderen Versicherungsvertrag. Das hängt bereits damit zusammen, dass die vereinbarten Leistungen völlig unabhängig voneinander sein können. Wenn z.B. der Arbeitnehmer bereits eine Zusatzversicherung für die Zahnprophylaxe abgeschlossen hat, die bKV eine solche Leistung aber nicht beinhaltet, ergibt sich auch kein Konfliktpotenzial.

Allerdings hat der Arbeitnehmer zu prüfen, ob eine Überschneidung der Leistungsinhalte bei den beiden Versicherungsverträgen, betrieblich und privat, gegeben ist. Denn in diesem Fall können sich durchaus Auswirkungen ergeben. Hier ist zunächst vor allem der Fall einer Mehrfachversicherung zu beachten.

Die in § 78 VVG normierte Regel besagt, dass bei einer Mehrfachversicherung alle Versicherer nur quotal zu leisten haben. Dadurch soll verhindert werden, dass der Arbeitnehmer bei einem Versicherungsfall einen „Gewinn" macht, weil er von allen Versicherern zusammen mehr Leistungen erhält als ihm an Schaden überhaupt entstanden sind (man spricht vom sog. Bereicherungsverbot)[109].

Dabei ist zu beachten, dass es nicht darauf ankommt, wer Versicherungsnehmer ist. Eine betriebliche Versicherung, bei der der Versicherungsnehmer der Arbeitgeber ist und eine private Versicherung, bei der der Versicherungsnehmer der Mitarbeiter ist, können daher grundsätzlich den Tatbestand einer Mehrfachversicherung erfüllen.
Für den Fall einer Mehrfachversicherung ist der Mitarbeiter verpflichtet, die Versicherungsgesellschaft zu informieren.[110]

In anderen Fällen überschneiden sich die Leistungen von mehreren Versicherern jedoch nicht. Zum Beispiel, wenn ein Anspruch auf eine neue Brille nur alle zwei Jahre besteht. Hier kann der Begünstigte aufgrund zweier parallellaufender Versicherungsverträge jedes Jahr eine neue Brille ersetzt bekommen, immer im Wechsel von dem einen oder dem anderen Versicherer. In einem solchen Fall wird für gewöhnlich hingenommen, wenn ein solcher „doppelter" Anspruch besteht.

---

[109] Vgl. § 200 VVG.
[110] Vgl. § 77 Abs. 1 VVG.

Rechtlich kann es sich aber ebenfalls um eine Mehrfachversicherung handeln, die vom Mitarbeiter bei seinem jeweiligen Versicherungsunternehmen anzuzeigen ist.

Im Tarifbereich Krankentagegeld ist die Besonderheit zu beachten, dass das Krankentagegeld nur bis zur Höhe des auf den Kalendertag umgerechneten, aus der beruflichen Tätigkeit herrührenden Nettoeinkommens versichert werden darf. Dabei sind sonstige Krankentage- oder Krankengelder zu berücksichtigen. Im Leistungsfall wird dies geprüft.

Eine zweite Besonderheit stellen die Tarifbereiche Krankenhaus und Urlaubsreise dar, da die Versicherungsleistungen nur erbracht werden, sofern die Kostenerstattung nicht aus einem anderen Versicherungsvertrag beansprucht werden können. Leistungen, die andere Kostenträger zu erbringen haben, sind vorrangig und in voller Höhe in Anspruch zu nehmen und im Versicherungsfall nachzuweisen (Subsidiarität der bKV-Leistungen).

In der Praxis hat der Arbeitgeber beim Abschluss der bKV keine Kenntnis des privaten Versicherungsvertrages des Arbeitnehmers. Umgekehrt hat der Arbeitnehmer auch keinen Einfluss auf den Umfang und Zeitpunkt des bKV-Abschlusses. Der Abschluss einer zusätzlichen bKV ist lediglich durch den Arbeitgeber initiiert und finanziert.

Aus diesem Grund gibt es auch bKV-Anbieter am Markt, die mit Hilfe sog. Höchststufen in Form von jährlichen absoluten Zuschüssen in Euro sowohl vor- als auch nachschüssig zu bestehenden Zusatzversicherungen oder auch einer privaten

Krankenvollversicherung leisten, so lange die Leistungen insgesamt nicht den entstandenen Schaden übersteigen. Nebenbei bemerkt: das dann auch ohne zwingende Vorleistung einer GKV oder auch eines privaten Versicherers.

Ebenso besteht kein Handlungsbedarf bei Anbietern, die mit sog. Vorsorge-Schecks oder Gutscheinen für bestimmte Leistungen arbeiten, da in diesem Fall ja immer nur die bKV für diese Leistung genutzt wird.

Durch diese Alternativen bei der Leistungsinanspruchnahme wird dem allgemeinen Bereicherungsverbot sowie den Vorgaben zur Mehrfachversicherung Rechnung getragen und der Eintritt einer ungerechtfertigten Bereicherung kann vermieden werden. Die Mehrfachversicherungsproblematik wird letztlich beratungsarm und unabhängig von einer gesetzlichen oder privat bestehenden Krankenversicherung weitestgehend gelöst.

Vollversicherung

Grundsätzlich ist die bKV auf Mitarbeiter ausgerichtet, die Mitglied einer gesetzlichen Krankenversicherung sind. Rund 10% der Bundesbürger haben sich aber auch für eine private Vollversicherung als Alternative zur GKV entschieden. Bei der Einrichtung einer obligatorischen bKV entscheidet der Einzelfall, welche Tarife versicherbar sind. Es kann sein, dass einzelne Tarife nicht für die privat Vollversicherten angeboten werden können. Zum Beispiel stationäre Tarife. Das Unternehmen ist gut beraten, sich mit seinen Beratern abzustimmen, wie mit den privat Vollversicherten Kollegen in solch einem Fall umzugehen ist. Ob und in welchem Umfang dann beispielsweise eine Ersatzleistung angeboten werden soll. Anschließend sollte diese Regelung auch arbeitsrechtlich in der Versorgungsordnung festgehalten werden. Andere Tarife, wie zum Beispiel Vorsorgetarife, sind hingegen unkritisch und können auch für privat Vollversicherte Mitarbeiter abgeschlossen werden.

Vorteile einer bKV gibt es grundsätzlich auch für privat Vollversicherte: auch sie kommen in den Genuss von mehr bzw. ergänzende Leistungen, können ihre Selbstbeteiligung sparen oder ihre Beitragsrückerstattung sichern.

34 Betriebliches Gesundheitsmanagement und bKV

Unter Personalkosten fallen nicht nur die ganz offensichtlichen, wie Löhne, Gehälter, vermögenswirksame Leistungen oder betriebliche Altersversorgung. Sondern zu den direkten Personalkosten zählt auch die Lohnfortzahlung im Krankheitsfall. Dieser Effekt wird noch verstärkt durch die beschriebenen Phänomene des Absentismus und Präsentismus.[111] Das kostet wertvolle Ressourcen und führt zur Schwächung der Produktivität und damit der Wettbewerbsfähigkeit. Diesem Umstand kommt aufgrund des steigenden Durchschnittsalters der Belegschaft in Folge des demographischen Wandels eine steigende Bedeutung zu.[112]

Die DAK mit knapp fünf Millionen Kunden ist eine der größten gesetzlichen Kassen in Deutschland und hat in ihrem

---

[111] Vgl. Kapitel 7
[112] Vgl. Kapitel 3

111

Gesundheitsreport 2018[113] nachgewiesen, dass eine Arbeitsunfähigkeit in 2017 im Schnitt 15,1 Fehltage je Versicherungsjahr gedauert hat.

Außerdem ist auch interessant, dass ältere Mitarbeiter zwar nur leicht häufiger krank werden, aber bei einer Arbeitsunfähigkeit dann deutlich länger ausfallen.

Dieser Umstand führt unter anderen dazu, dass sich immer mehr Unternehmen um die Gesundheitsversorgung ihrer Mitarbeiter kümmern. Das betriebliche Gesundheitsmanagement ist die Gestaltung, Lenkung und Entwicklung betrieblicher Strukturen und Prozesse, um Arbeit, Organisation und Verhalten am Arbeitsplatz gesundheitsförderlich zu gestalten.[114] Im Idealfall haben beide Seiten einen Nutzen: Der Arbeitgeber, weil er durch gute Arbeitsbedingungen die Gesundheit der Mitarbeiter nicht nur fördert, sondern dadurch auch die Produktivität seines Unternehmens erhöht. Die Mitarbeiter wiederum dürfen in einem optimierten Umfeld arbeiten und kommen in den Genuss von Zusatzleistungen, die deren Lebensqualität auch außerhalb der Arbeitsstätte steigern.

Das **betriebliche Gesundheitsmanagement (BGM)** lässt sich in 3 Säulen gliedern:

1. **Arbeits- und Gesundheitsschutz**, der in der Regel durch die gesetzliche Unfallversicherung überwacht wird und eine vor

---

[113] Storm, Andreas (Hrsg.), DAK Gesundheitsreport 2018, in: Beiträge zur Gesundheitsökonomie und Versorgungsforschung Band 21, Hamburg 2018, S.14.
[114] Badura, Bernhard: Betriebliches Gesundheitsmanagement – ein Leitfaden für die Praxis, Berlin 1999. S. 4.

allem auch nach dem Arbeitsschutzgesetz zwingende Verpflichtung für den Arbeitgeber darstellt.

2. **Betriebliches Eingliederungsmanagement (BEM)**, das sich mit der Wiedereingliederung von langzeiterkrankten Mitarbeitern beschäftigt. Das ist ebenfalls eine Pflicht des Arbeitgebers.[115]

3. **Betriebliche Gesundheitsförderung (BGF)**, die sich mit der Förderung der Gesundheit am Arbeitsplatz beschäftigt und aktiv von der GKV unterstützt wird. Die rechtlichen Regelungen[116] stellen eine Empfehlung für den Arbeitgeber dar.

Die betriebliche Gesundheitsförderung ist hierbei an „gesunde" Mitarbeiter adressiert und steht unter der Prämisse „aktiv werden, bevor es akut wird". Nun stellt sich die Frage, wie ein Arbeitgeber die Gesundheitsförderung seiner Mitarbeiter gestalten kann. Hier gibt es drei Felder: Bewegung, Ernährung und die ärztliche Vor- und Versorgung der Mitarbeiter.

Betriebliche Gesundheitsförderung		
Bewegung	Ernährung	Medizin
GKV		**bKV**

Neben den Angeboten der GKV zu den Themenfeldern Bewegung und Ernährung bietet die bKV im Feld der ärztlichen Vor- und Versorgung für das Unternehmen eine einfache und zugleich innovative Lösung. Somit wird aus der bKV ein Baustein des BGF.

---

[115] Vgl. § 167 (2) SGB IX.
[116] Vgl. §§ 20/ 20a/ 20b SGB V.

Insbesondere der optimale Zugang zu ärztlicher Versorgung und medizinischen Leistungen, z.B. in Form von Vorsorgeuntersuchungen, stellt eine attraktive und nachhaltige Möglichkeit der Gesundheitsförderung für Mitarbeiter dar.

35 Veränderungen in Elternzeit und Mutterschutz

Bei einer obligatorischen bKV werden die Beiträge vom Arbeitgeber gezahlt. Dieser hat das Interesse, seinen Arbeitnehmern die bKV zukommen zu lassen, um diese an das Unternehmen zu binden, um sie in ihrer Arbeitsleistung zu motivieren oder ähnliches. Für gewöhnlich entfällt dieses Interesse, wenn der Arbeitnehmer keine Arbeit mehr leistet.

Insbesondere wenn das Arbeitsverhältnis ruht, zum Beispiel während eines so genannten Sabbaticals (Auszeit), wird daher üblicherweise die Zahlung der Beiträge zur bKV vom Arbeitgeber eingestellt und der Arbeitnehmer durch den Arbeitgeber beim Versicherer abgemeldet.

Im Fall des Mutterschutzes gilt allerdings etwas anderes. Nach dem Mutterschutzgesetz dürfen werdende Mütter in den letzten sechs Wochen vor der Entbindung und bis zum Ablauf von acht Wochen nach der Entbindung nicht beschäftigt werden. In dieser Zeit haben die Mütter keinen Anspruch auf Arbeitslohn, sondern sie erhalten ein Mutterschaftsgeld bzw. vom Arbeitgeber einen Zuschuss zum Mutterschaftsgeld.

Aus all dem folgt, dass auch während der Zeiten des Mutterschutzes ein Anspruch auf Fortzahlung der Beiträge zur bKV besteht. Wäre das nicht der Fall, würden Frauen schlechter gestellt als Männer, was wiederum eine geschlechterspezifische Benachteiligung wäre, die aufgrund des Gleichbehandlungsgrundsatzes verboten ist.[117]

Die Elternzeit ist vom Mutterschutz grundsätzlich zu unterscheiden. Anspruch auf Elternzeit haben nach dem Bundeselterngeld- und Elternzeitgesetzes Arbeitnehmerinnen und Arbeitnehmer, die mit einem bis zu drei Jahre alten Kind in einem Haushalt leben und dieses Kind selbst betreuen und erziehen. Elternzeit kann nur derjenige in Anspruch nehmen, der mit seinem Arbeitgeber eine entsprechende Vereinbarung trifft. Ein Anspruch auf Elternzeit besteht nicht.
Schließt der Arbeitgeber eine entsprechende Vereinbarung mit dem Arbeitnehmer, der Elternzeit in Anspruch nehmen möchte, wird darin auch geregelt, ob der Arbeitnehmer nur noch teilweise arbeitet oder die Arbeit vollständig einstellt. Arbeitet der Arbeitnehmer nicht mehr, hat er auch keinen Anspruch auf Bezüge. In diesem Fall entfällt auch der Anspruch auf Zahlung einer bKV. Diese Schlechterstellung ist nach der Rechtsprechung durchaus gerechtfertigt.[118]

Selbstverständlich ist der Arbeitgeber berechtigt, während der Elternzeit freiwillig die Beiträge zur bKV weiterzuzahlen. Entschließt sich der Arbeitgeber dazu aber nicht, kann er die Zahlung der Beiträge zur bKV einstellen und den Arbeitnehmer

---

[117] Vgl. Kapitel 30.
[118] BAG vom 15.02.1994 - 3 AZR 708/93.

bei der Versicherung abmelden. Der Arbeitgeber sollte den Arbeitnehmer darauf allerdings ausdrücklich hinweisen.

In den meisten Fällen sieht der Gruppenversicherungsvertrag mit dem Versicherer ein Weiterversicherungsrecht des Arbeitnehmers zu ähnlichen Konditionen vor.

Es gibt auch andere Modelle am Markt, die dem Arbeitgeber eine Beitragsbefreiung im Fall von Elternzeit oder auch längerer Krankheit des Arbeitnehmers gegen einen Prämienaufpreis anbieten.

Allerdings kann diese Lösung im Zweifel gegen das Interesse des Arbeitgebers stehen, wenn man die Auffassung vertritt, dass die bKV eine freiwillige Leistung ist und der Lohn somit kein Parameter zur Beitragsübernahme in der bKV sein darf. Der Arbeitgeber kann also selbst entscheiden, ob er die Leistung weitergewährt.

Die Kosten der Beitragsbefreiung rechnen sich also nur für Unternehmen mit hohem Krankenstand oder hohem Anteil an Mitarbeitern, die sich in Elternzeit befinden. Eine kritische kaufmännische Würdigung dieses Sachverhaltes ist bei größeren Betrieben zwingend notwendig.

Hinzukommend muss das Meldewesen darauf abgestimmt sein, die Fälle von Elternzeit dem Versicherer unverzüglich zu melden.

36 Veränderungen bei Arbeitsunfähigkeit

Im Allgemeinen meldet der Arbeitgeber den einzelnen Arbeitnehmer von der betrieblichen Krankenversicherung ab, wenn der Arbeitnehmer keinen Anspruch auf Bezüge hat. Das ist der Fall, wenn das Arbeitsverhältnis ruht.[119] Der Umstand der Arbeitsunfähigkeit des Arbeitnehmers muss jedoch genauer betrachtet werden.

In den ersten sechs Wochen der Arbeitsunfähigkeit ergibt sich insofern keine Besonderheit. Während dieser Zeit hat der Arbeitnehmer Anspruch auf Lohnfortzahlung nach dem Entgeltfortzahlungsgesetz. Der Anspruch auf Lohnfortzahlung umfasst auch die Beiträge zur betrieblichen Krankenversicherung.

Die Situation ändert sich jedoch, wenn die Arbeitsunfähigkeit länger als sechs Wochen dauert. Von diesem Augenblick an hat der Arbeitnehmer keinen Anspruch auf Lohnfortzahlung mehr, vielmehr erhält er für gewöhnlich Krankengeld von der GKV. Der Arbeitgeber ist von diesem Augenblick an arbeitsrechtlich nicht mehr verpflichtet, weitere betriebliche Leistungen zu erbringen, es sei denn der Arbeitgeber hat sich dazu selbst im Rahmen der Versorgungsordnung verpflichtet.

Dies führt oftmals dazu, dass die Arbeitgeber den Arbeitnehmer spätestens ab der siebten Woche der Arbeitsunfähigkeit von der bKV abmelden. Dies ist jedoch nicht immer empfehlenswert.

---

[119] Vgl. Kapitel 35.

Die Sinnhaftigkeit einer Abmeldung der bKV bei längerer Krankheit, hängt von der Art der versicherten Leistung ab. Ist beispielsweise ein Mitarbeiter aufgrund eines Bandscheibenvorfalls länger erkrankt, könnte die bKV mit Leistungen für Zahnersatz durch den Arbeitgeber bedenkenlos abgemeldet werden.

Ein anderer Fall ist es, wenn die bKV eine Leistung ist, die dem einzelnen Arbeitnehmer gerade während der Dauer der Erkrankung zugutekommen soll. Würde der Arbeitnehmer einfach abgemeldet, könnte der Arbeitnehmer den Anspruch auf die Leistung verlieren, obwohl er sie gerade in diesem Augenblick besonders braucht.

Zwar könnte der Arbeitnehmer den Versicherungsschutz dadurch erhalten, dass er die Beiträge selbst übernimmt und z.B. aus dem Krankengeld, bestreitet. Hier ergibt sich jedoch eine besondere Problematik, wenn der Arbeitnehmer wegen seiner Erkrankung gar nicht in der Lage ist zu reagieren oder wenn er sich die Übernahme der bKV-Beiträge nicht leisten kann.

In einer Versorgungsordnung zur bKV kann daher beispielsweise geregelt werden, dass der Arbeitgeber im Falle der Arbeitsunfähigkeit des Arbeitnehmers bKV-Beiträge für einen bestimmten Zeitraum, etwa für sechs Monate fortzahlt. Auf diesen Umstand muss allerdings der Arbeitnehmer ausdrücklich hingewiesen werden.

37 Beendigung des Arbeitsverhältnisses

Endet das Arbeitsverhältnis, endet auch die bKV. Das Unternehmen hat keine Veranlassung, eine bKV für einen Arbeitnehmer fortzuführen, wenn dieser nicht mehr für das Unternehmen tätig ist. Da das Interesse des Unternehmens an einer solchen Maßnahme fehlt, dürfte es auch schwierig sein, die Zahlung der Beiträge zur bKV als Betriebsausgabe anzusehen.

Üblich ist allerdings, dass die Versicherung des (ehemaligen) Mitarbeiters nicht ohne weiteres entfällt. Vielmehr erhält der Mitarbeiter von der Versicherungsgesellschaft einen Hinweis, dass der Arbeitgeber den Mitarbeiter von der bKV abgemeldet hat. Mit diesem Hinweis ist ein Angebot verbunden, die bisherige bKV privat durch den Arbeitnehmer fortzuführen. Die Konditionen, insbesondere die Höhe der Beiträge, können allerdings von der bisherigen Beitragshöhe abweichen. Auf die Möglichkeit der privaten Fortführung des Versicherungs- vertrages sollte der Arbeitgeber bereits im Rahmen der Versorgungsordnung zur bKV hinweisen.

Nicht selten kommt es vor, dass ein Arbeitsverhältnis durch arbeitgeberseitige Kündigung beendet werden soll, der Arbeit- nehmer mit der Kündigung aber nicht einverstanden ist. Er erhebt eine Kündigungsschutzklage zum Arbeitsgericht. Dort wird, nach Durchführung eines Gütetermins und einer Kammer- verhandlung, möglicherweise ein Urteil gefällt, ob die Kündigung wirksam war oder nicht. In einigen Fällen schließt sich eine zweite Instanz beim Landesarbeitsgericht an, weil die unterlegene Partei Berufung eingelegt. Zwischenzeitlich ist der

Kündigungstermin jedoch verstrichen. Für Arbeitgeber und Arbeitnehmer ist nun unklar, ob das Arbeitsverhältnis noch besteht oder nicht.

Die Frage ist daher, wie Arbeitgeber und Arbeitnehmer in der Zwischenzeit mit der bKV verfahren. Der Arbeitgeber hat, da er der Ansicht ist, wirksam gekündigt zu haben, kein Interesse mehr daran, die Beiträge für den gekündigten Arbeitnehmer zu zahlen. Der Arbeitnehmer ist hingegen der Auffassung, nach wie vor einen Anspruch auf Zahlung der Beiträge durch den Arbeitgeber zu haben, weil er die Kündigung des Arbeitsverhältnisses als nicht wirksam ansieht.

In dieser Situation sollte auf jeden Fall eine Regelung beispielsweise in einer Versorgungsordung vorher vereinbart sein. Nach dieser Regelung wird der Arbeitnehmer ab dem Termin, zu dem der Arbeitgeber gekündigt hat, verpflichtet wenn eine Weiterversicherung gewünscht ist, die Beiträge zur bKV selbst zu zahlen. Gleichzeitig wird dem Arbeitnehmer zugesagt, dass der Arbeitgeber die Beiträge wiedererstattet, sofern sich zu einem späteren Zeitpunkt herausstellen sollte, dass die Kündigung unwirksam war und das Arbeitsverhältnis fortbesteht. Mit einer solchen Regelung sollte für alle Beteiligten ein angemessener Interessenausgleich möglich sein.

38 Versorgung von Familienangehörigen

Die Versorgung der Angehörigen ist in vielen Fällen ein wichtiger Bestandteil der bKV. Dadurch kann sich der Arbeitgeber als Vorteilsbeschaffer gegenüber den Familienangehörigen seines Mitarbeiters präsentieren. Die Bedeutung der Akzeptanz und Wertschätzung des Arbeitgebers durch die Familie sollte nicht unterschätzt werden. Insbesondere Kinder sind eine Zielgruppe für Nebenleistungen, die emotional eng verwoben mit dem Arbeitnehmer sind und daher eine wichtige Brücke zwischen dem Berufs- und Privatleben schlagen.

Die Familienversicherung ermöglicht es die Angehörigen der Mitarbeiter ebenfalls in den Genuss der bKV kommen zu lassen. Die Vorteile liegen im direkten Vergleich zum privaten Abschluss in den günstigeren Beiträgen und im Verzicht auf eine (umfassende) Gesundheitsprüfung.

Daher sind folgende Dinge zu beachten:

Versicherungsnehmer wird für die Versicherung der Angehörigen nicht der Arbeitgeber. Das werden entweder der Mitarbeiter oder die Angehörigen selbst. Sie haben damit alle Rechte und Pflichten aus dem Versicherungsvertrag unabhängig vom Arbeitgeber. Trotzdem muss beachtet werden, dass es bestimmte Beziehungen zum Arbeitgeber gleichwohl gibt. Das betrifft z.B. die Existenz des Gruppenversicherungsvertrags und die Bedingungen für die Vergünstigungen. So kann – je nach Bedingungen des Gruppenversicherungsvertrags – auch der Angehörige betroffen sein, wenn ein beispielsweise der

Gruppenvertrag beendet wird. Daher sollte die Versorgungsordnung auch ein Mindestmaß an Bestimmungen bzgl. der Angehörigen beinhalten.

Beitragszahler ist der Mitarbeiter oder der Angehörige des Mitarbeiters selbst. Es kann zwischen Arbeitgeber und Arbeitnehmer vereinbart sein, dass die Beiträge für die Versicherung der Angehörigen vom Nettolohn des Mitarbeiters abgezogen und an die Versicherungsgesellschaft abgeführt werden.

Sollte der Arbeitgeber ungewöhnlicher weise auch die Beiträge der bKV für die Familienangehörigen finanzieren wollen, wären solche Ausgaben so gut wie nie betriebsnotwendig, so dass die Beiträge nicht als Betriebsausgaben anerkannt werden könnten. Das Interesse an der Versicherung der Angehörigen liegt also meist ausschließlich beim Mitarbeiter, der seinen Angehörigen gern die gleichen Vorteile zukommen lassen möchte, die er selbst genießt.

Wer Angehöriger ist, richtet sich nach den Bestimmungen des Gruppenversicherungsvertrags. Üblicherweise sind das die Ehegatten oder Lebensgefährten des Mitarbeiters sowie dessen (leibliche oder adoptierte) Kinder.

Scheidet der Mitarbeiter aus dem Unternehmen aus, gelten hinsichtlich der Fortsetzung des Versicherungsvertrages mit den Angehörigen mehr oder minder die gleichen Bestimmungen wie für die Versicherung des Mitarbeiters selbst. Daher wird der Versicherungsvertrag ggf. unter leicht geänderten Bedingungen (insbesondere hinsichtlich der Höhe der Beiträge) fortgesetzt.

39 Workflow

In den letzten Kapiteln wurden diverse wichtige Aspekte beim Abschluss einer bKV beleuchtet. Diese einzelnen Aspekte in einer sinnvollen Reihenfolge liefern im Ergebnis einen einfachen und verwaltungsarmen Workflow.

Die professionelle Beratung in der bKV ist der entscheidende Erfolgsfaktor für das Konzept Gesundheit als Nebenleistung. Es müssen verschiedene Interessen und Notwendigkeiten berücksichtigt werden, die miteinander zu verknüpfen und in Einklang zu bringen sind. Der Berater steht dabei im Zentrum der Aktivitäten.

Phase 1: Analyse und Beratung des Arbeitgebers
Welche konkreten Ziele werden verfolgt? Welche einzelnen Vor- und Nachteile für Arbeitgeber und Arbeitnehmer gibt es? Welche möglichen Produktanbieter und Tarife? Welche Kosten? Die Antworten auf diese Fragen sind ein Prozess im Rahmen der Beratung. Am Ende sollte der Arbeitgeber sich zumindest grundsätzlich entschieden haben, eine bKV im Unternehmen einzuführen.

Phase 2: Rahmenbedingungen prüfen und Details planen
Zunächst ist die Frage zu klären, welcher Personenkreis in den Genuss einer bKV kommen und wann der Beginn sein soll. Dann erst sind die relevanten Rahmenbedingungen zu prüfen:

- Steuerrecht[120]
- Lohnabrechung[121]
- Arbeitsrecht[122]

Am Ende dieser Phase sind die grundsätzlichen rechtlichen und steuerlichen Fragen geklärt. Es existiert eine finale Version der Versorgungsordnung zur bKV. Zu guter Letzt sollte dann ein Kommunikationsplan festgelegt werden, der regelt wann, welche Mitarbeiter über welches Medium informiert werden.

Phase 3: Vertragsschluss
Der Gruppenvertrag wird zwischen dem Arbeitgeber und dem Versicherer geschlossen und die Mitarbeiter im Anschluss angemeldet.

Phase 4: Kommunikation mit den Mitarbeitern
In dieser Phase werden die Mitarbeiter über ihre neue Nebenleistung Gesundheit informiert. Diese Phase ist entscheidend, da sich nun zum ersten Mal zeigt wie die Mitarbeiter ihr neues Geschenk annehmen und wertschätzen.

Phase 5: Laufende Begleitung
In Phase 5 erfolgt die laufende Betreuung des Unternehmens, zunächst vor allem in administrativer Hinsicht: es werden Mitarbeiter an-, ab- und umgemeldet. Mitarbeiter gehen in den Mutterschutz und die Elternzeit oder sind länger als sechs Wochen krank. Es sind Fragen des Arbeitgebers, aber auch der Mitarbeiter rund um die bKV zu beantworten. Schlussendlich

---

[120] Vgl. Kapitel 31.
[121] Vgl. Kapitel 32.
[122] Vgl. Kapitel 30.

124

wird das Gesundheitskonzept nach einem angemessenen Zeitraum ausgewertet (welche Leistungen werden gut angenommen, welche weniger gut) und bei Bedarf angepasst.

Teil 4: Satelliten

40 Betriebliche Versorgungssysteme (bVS) in der Praxis

Die beiden wichtigsten Bereiche der betrieblichen Versorgung wurden in den vorangegangenen Kapiteln ausführlich in ihren Details beschrieben – die betriebliche Altersvorsorge (bAV) und die betriebliche Krankenversicherung (bKV).

Mit der Einrichtung eines auf das Unternehmen speziell abgestimmten und rechtssicher eingerichteten System der betrieblichen Altersvorsorge hat der Unternehmer ein solides Fundament geschaffen. Zudem sichert der so eingeschlagene Weg auch die gesetzlichen Anforderungen nach dem Betriebsrentengesetz ab. Der Pflichtteil ist erfüllt – Zeit für die Kür.

Auf diese Basis aufbauend bietet sich die Konzeption und Umsetzung einer betrieblichen Krankenversicherung als modernes Personalinstrument außerhalb der gesetzlichen Pflicht förmlich an. Wie in den Kapiteln zur bKV dargestellt, bietet dieses Vorsorgefeld eine wichtige Ergänzung der gesetzlichen Krankenversicherung und somit eine starke Bindungskraft.

Doch an dieser Stelle sind die Möglichkeiten betrieblicher Vorsorge noch lange nicht ausgeschöpft. Der Inhalt der folgenden Abschnitte soll einen Überblick über ergänzende Produktwelten geben. Vorab nochmals der Hinweis, dass auch diese zusätzliche Versorgung in ihrer Einrichtung immer von Spezialisten der entsprechenden Disziplin (Rechts- und Steuerberater, bAV-Berater etc.) begleitet werden sollte. Dabei ist der konzeptionelle Teil mit Abstand der Wichtigste. Ohne ein maßgeschneidertes System, dem eine Bedarfsanalyse der Belegschaft vorangegangen ist, wird dieses im schlimmsten Fall von den Arbeitnehmern nicht angenommen und somit werden sie es auch nicht wertschätzen. Die Idee der Einführung eines betrieblichen Versorgungssystems zur Mitarbeiterfindung und – bindung wäre verfehlt.

Die praktischen Erfahrungen der Autoren zeigen, dass hier die Wirkung von Cross-Selling dem Unternehmen in Sachen Bindungseffekt einen enormen Mehrwert bietet. Die Suche nach solchen Ergänzungskomponenten sollte also im direkten Zusammenhang und in Abstimmung auf die Einrichtung von bAV und bKV geschehen.

Die Berufsunfähigkeits- und Risikolebensversicherung sind ja bereits im Zuge der bAV erläutert worden. Sie sind im Zuge der steuerlichen Begünstigung nach dem BetrAVG steuer- und sozialversicherungsbefreit. Wie in der bKV auch, können diese Bausteine dem Arbeitnehmer auch als rein privat finanziert angeboten werden. Dennoch gelten die Vorteile wie z.B. ein vergünstigter Preis oder eine erleichterte Gesundheitsprüfung über die Einrichtung eines Kollektivtarifes durch den Arbeitgeber. Sie bieten richtig eingesetzt eine effiziente Unterstützung.

Folgende zusätzliche Komponenten sind aus der Sicht der Autoren sinnvolle Ergänzungen für die praxisbezogene Umsetzung betrieblicher Versorgungssysteme:

Die Gruppenunfallversicherung

Zwar sind die meisten Arbeitnehmer über die Berufsgenossenschaft gegen das Risiko eines Arbeitsunfalls über ihren Arbeitgeber pflichtversichert, aber dieser Schutz stellt in der Regel nur einen Grundschutz dar und gilt nur im Zusammenhang mit der beruflichen Tätigkeit. Die Erweiterung dieses Schutzes auch auf den privaten Bereich (und qualitativ hochwertig) sichert den Angestellten und seine Familie gegen bleibende Folgen eines Unfalls ab. Dies bindet den Arbeitnehmer und dessen nahe Angehörige mit einem weiteren Versorgungsbaustein an das Unternehmen.

Die Absicherung gegen „Schwere Krankheiten"

Die Versorgung bei „Schweren Krankheiten" oder auch Dread Disease[123] genannt, kann für Arbeitnehmer und Arbeitgeber eingerichtet werden. Damit gemeint ist zum einen die Absicherung des Arbeitnehmers als versicherte Person und Bezugsberechtigter im Schadensfall selbst. Zum anderen kann die Absicherung des Unternehmens mit dem Mitarbeiter als versicherte Person und der Firma als Bezugsberechtigte vorgenommen werden. Bei der ersten Version wird der Mitarbeiter mittels zusätzlicher Absicherung seitens seines

---

[123] Dread Disease oder auch „Schwere Krankheiten Versicherung": es kommt zur einmaligen Auszahlung einer vorab festgelegten Versicherungssumme, wenn es bei der versicherten Person zur Diagnose einer der versicherten Krankheiten kommt. Die Anzahl und Beschreibungen der Krankheiten werden in den Tarifbedingungen des Versicherers definiert. Versicherte Krankheiten sind z.B. Schlaganfall, Herzinfarkt oder diverse Formen von Krebs.

Arbeitgebers gegen finanzielle Folgen einer schweren Krankheit geschützt – das schafft wiederum Bindung. In der zweiten Version sichert sich das Unternehmen gegen den Ausfall wichtiger, meist hoch qualifizierter Mitarbeiter – eine sogenannte Schlüsselperson oder auch Key-Person Versicherung. Fällt eine solche Schlüsselperson wegen einer schweren Krankheit aus, so erhält die Firma die Versicherungssumme und hat damit liquide Mittel, um für Ersatz zu sorgen. Gleiches gilt natürlich auch für die so häufig wichtigste Person im Unternehmen – dem geschäftsführenden Gesellschafter. An seiner Person hängt oft mehr als nur ein Teil des Erfolges der Firma. Ohne ihn und seine fachlichen Fähigkeiten, das Wissen um die Abläufe und seinen betriebswirtschaftlichen Überblick kann es im schlimmsten Fall bis zur Insolvenz des Unternehmens führen. Hieran hängen dann auch Arbeitsplätze und Familienschicksale. Daher lohnt es sich mit Sicherheit, das Thema Dread Disease in seine Konzeption betrieblicher Versorgung einzubauen – für Arbeitnehmer und Arbeitgeber.

Nettolohnerhöhung dank Optimierung der Lohnnebenkosten

Die Erhöhung von Nettolöhnen ist Zentrum jeder Gehalts- oder Tarifverhandlung. Oft fallen diese dann niedriger aus, als von den Arbeitnehmern gewünscht. Ein Hauptgrund ist klar zu benennen: die auf das gewünschte Einkommen anfallenden Lohnnebenkosten. Sie belasten das Budget des Unternehmens zusätzlich zu den Kosten durch das erhöhte Gehalt als solches. Die Lösung: aus Geldbezug mach Sachbezug. Das deutsche Steuerrecht hält über 100 Steuerparagraphen bereit, die Steuer- und Sozialabgabenersparnisse bedeuten können. Als bekannte Beispiele aus der täglichen Praxis kann man hier den Zuschuss zur Kinderbetreuung[124], Sonn-, Feiertags- und Nacht-zuschläge[125], Essenschecks oder die Erholungsbeihilfe[126] nennen. Die Idee dieser Gesetze ist es, dem Angestellten für bestimmte Sachverhalte Erleichterung in Steuern und Sozialabgaben zu verschaffen, in dem sie für mehr Liquidität sorgen – mehr Netto vom Brutto.

Doch ist der Weg zu einem abgabenoptimierten Gehalt sehr aufwendig und bietet zudem diverse rechtliche Fallstricke für den Arbeitgeber. Dies ist nach Meinung der Autoren der Hauptgrund, warum dieses Thema trotz seiner hohen Effizienz, oft bei Unternehmen unbekannt ist oder sogar gemieden wird. Dabei ist eine Nettolohnerhöhung von z.B. 5-7% für den Mitarbeiter hoch motivierend, absolut realistisch und bedeutet keinen oder nur sehr geringen finanziellen Aufwand für den Arbeitgeber.

Um aber diese Form der Mitarbeitermotivation sinnvoll und vor allem rechtssicher nutzen zu können, braucht es eines guten Fachanwalts für Arbeitsrecht, eines Dienstleisters und/oder Steuerberaters, der sich auf diesen Bereich spezialisiert hat und seinem Mandanten im Falle einer Beanstandung durch das Finanzamt vor Ort zur Seite steht. Und der im Falle eines finanziellen Schadens aus seiner Beratung mittels ständischer Haftung und einer entsprechend hohen Vermögens-schadenhaftpflicht für diesen aufkommt.

Zusammengefasst bedeutet eine gut und sicher eingerichtete Optimierung der Lohnnebenkosten einen sofort finanziell spürbaren Vorteil für den Arbeitnehmer und eine zusätzliche

---

[124] Vgl. §3 Nr. 33 Abs.1 ff. EStG
[125] Vgl. §3b EStG
[126] Vgl. §40 Abs.2 Nr.1 ff. EStG

Bindung, sowie Motivation seiner Belegschaft bei gleichzeitiger Senkung der Lohnkosten für den Arbeitgeber. Win-Win.

Diese Aufzählung hat nicht den Anspruch, alle Möglichkeiten betrieblicher Versorgung zu umfassen, da die Autoren ausschließlich auf die Möglichkeiten aus der Finanzdienstleitstungswelt eingehen wollten. Natürlich stellen aber auch z.B. die Einrichtung einer Betriebskantine, kostenlose Mitarbeiter-Parkplätze oder ein Betriebskindergarten gute Maßnahmen dar und sollten für das Gesamtkonzept von Mitarbeiterfindung und –bindung in Betracht gezogen werden.

Fazit: auch die ergänzenden Komponenten können wichtige, effiziente Teile eines betrieblichen Versorgungssystems mittels Finanzdienstleistungen sein. Daher lohnt es sich bei der Wahl seines Dienstleisters für die Begleitung des Gesamtprozesses, genau auf dessen Qualifikation und praktischen Erfahrungen zu achten. Nur wenn dieser, den Bedarf des Unternehmens, die Wünsche der Belegschaft und die rechtlichen Umsetzungsmöglichkeiten richtig erfasst und mit den Möglichkeiten des Finanzdienstleistungsmarktes kombiniert, wird ein erstklassiges System betrieblicher Versorgung erschaffen. Ein System zur Findung, Bindung und Motivation von genau den Mitarbeitern, die sich das einrichtende Unternehmen wünscht und die dessen wirtschaftlichen Erfolg fördern.

Literaturverzeichnis

Bücher

Badura, Bernhard, Betriebliches Gesundheitsmanagement – ein Leitfaden für die Praxis, Berlin 1999

Burkhart, Steffi, Die spinnen, die Jungen. Eine Gebrauchsanweisung für die Generation Y, Offenbach 2016

Buttler, A., Keller, M., Einführung in die betriebliche Altersversorgung, 2017

Cerny, S., Die Besteuerung der betrieblichen Altersversorgung: Vergleichende Analyse der fünf Durchführungswege, 2012

Deutsche Rentenversicherung Bund (Hrsg.), 125 Jahre gesetzliche Rentenversicherung, München 2014

Droßel, W., Das neue Betriebsrentenrecht: Betriebsrentenstärkungsgesetz und Umsetzung der Mobilitätsrichtlinie, 2017

Herrmann, Norbert, Erfolgspotential ältere Mitarbeiter, München 2008

Jung, Thomas, Präsentismus im Handlungsfeld von Personalführung und Betrieblichem Gesundheitsmanagment, Baden-Baden 2017

Kablitz, F., Rauch, M., Vorteile einer betrieblichen Altersvorsorge für den Arbeitnehmer, 2015

Meissner, H., Veh, C., Leitfaden bAV: Die GGF-Versorgung Kompaktwissen für die Praxis, 2018

Meissner, H., Berger, U., Wörner, F., Leitfaden BAV - Die Versorgungsordnung – 1. Oktober 2016

Meissner, H., Kisters-Kölkes, M., Linden, R., Friedrich, K., Leitfaden bAV: Betriebsrentenstärkungsgesetz (BRSG): Ein Kurzkommentar, 2018

131

Müller, Dr. Rolf E., Betriebsklima und Betriebserfolg, Praktische Psychologie der zwischenmenschlichen Beziehungen im Betrieb, 2.Aufl., Zürich 1980

Parment, Anders, Die Generation Y, 2.Aufl., Wiesbaden 2009

Redlin, Michael, Personalfluktuation. Eine multivariate Analyse ihrer individuellen Determinanten, Diss. Hamburg, 1987

Storm, Andreas (Hrsg.), Gesundheitsreport 2017, in: Beiträge zur Gesundheitsökonomie und Versorgungsforschung Band 16

Schweitzer, Jochen, Bossmann, Ulrike (Hrsg.), Systematisches Demografiemanagment. Wie kommt Neues zum Älterwerden ins Unternehmen?, Wiesbaden 2103

Wolf, Gunther, Mitarbeiterbindung, Freiburg 2013

Artikel und Downloads

"Durchschnittliche Rentenbezugsdauer (RV)", vom 16.4.2016, Bundeszentrale für politische Bildung, www.bpb.de

"Wir beziehen länger Rente als je zuvor" vom 25.7.2016, www.faz.net, download am 13.5.2018

Spektrum Lexikon der Psychologie online, https://www.spektrum.de/ lexikon/psychologie/absentismus/78, download am 9.6.2018

Bartscher, Prof. Dr. Thomas, Absentismus, in: Gabler Wirtschaftslexikon online, https://wirtschaftslexikon. gabler.de/definition/absentismus-29344, download am 9.6.2018

Demographischer Wandel, in: Duden Wirtschaft von A bis Z: Grundlagenwissen für Schule und Studium, Beruf und Alltag. 6.Aufl. Mannheim: Bibliographisches Institut 2016.

Lizenzausgabe Bonn: Bundeszentrale für politische Bildung 2016

„Die Generation Y ist überhaupt nicht faul" Kerstin Bund im Gespräch mit Hannah Knuth vom 26.8.2014, www.theeuropean.de, download am 2.9.2018

Stangl, W. (2018). Extrinsische Motivation. Lexikon für Psychologie und Pädagogik. http://lexikon.stangl.eu/1951/extrinsische-motivation/ download am 2.9.2018

Stangl, W. (2018). Intrinsische Motivation. Lexikon für Psychologie und Pädagogik. http://lexikon.stangl.eu/1949/intrinsische-motivation/ download am 2.9.2018

Stajkovic, A. D., Luthans, F. (1998). Self-efficacy and work-related performance: A meta-analysis. Psychological Bulletin, 124(2), 240-261.

Maier, Prof.Dr. Günther W., Intrinsische Motivation, in: Gablers Wirtschaftslexikon online, https://wirtschaftslexikon.gabler.de /definition/intrinsische-motivation-41764, download am 2.9.2018

Personalmanagment, Präsentation von Prof.Dr.-Ing.J.Springer und Dipl.Päd.Katharina Hasenau, Sommersemester 2011, Lehrstuhl und Institut für Arbeitswissenschaft RWTH Aachen. Downlaod am 2.9.2018

Verteilung der Deckungsmittel der betrieblichen Altersversorgung im Jahr 2015 nach Durchführungswegen, de.statista.com/statistik/daten/studie/471322/umfrage /verteilung-bav-deckungsmittel-nach-durchfuehrungswegen, download am 31.8.2018

Die Autoren:
Natalie Avi-Tal

Jahrgang 1987 aus Berlin, studierte nach Abitur zunächst Betriebswirtschaftslehre und Wirtschaftsrecht. Schon zu Beginn des Studiums entstanden Kontakte zur Finanzdienstleistung, die sich alsbald als ernsthafte berufliche Orientierung herauskristallisierten, so dass der Beruf in den Vordergrund trat und das Studium berufsbegleitend abgeschlossen wurde. Seit 2008 Fokussierung auf die Themen private und gesetzliche Krankenversicherung mit mehr als 1.000 Beratungen. Seitdem als Spezialistin für die Gesundheitsvorsorge mit viel Kompetenz und Pragmatismus als Ausbilderin, Trainerin und Referentin tätig. Seit 2014 als Direktionsbevollmächtige im Kompetenzcenter Firmenkunden der HALLESCHE Krankenversicherung a.G. mit viel Herzblut auf das Thema Betrieb und Gesundheit spezialisiert. Natalie Avi-Tal lebt glücklich verheiratet mit 2 Kindern in Berlin.

https://www.xing.com/profile/Natalie_AviTal

134

Alexander Brix

1976 in Nienburg an der Weser geboren. Nach dem Abitur Ausbildung zum Offizier der Bundeswehr und Studium der Berufspädagogik. 1999 nebenberuflicher Einstieg in die Finanzdienstleistungsbranche. 2004 Vertriebsleitung eines Hamburger Maklervertriebes. 2007 Gründung und Leitung einer eigenen Makleragentur mit dem Schwerpunkt betriebliche Altersvorsorge. Nach mehr als 200 Arbeitgeber- und mehr als 3000 Arbeitnehmerberatungen wechselte er aus der Selbständigkeit 2018 als Leiter der bAV Abteilung zur Netfonds Gruppe aus Hamburg. Hier stellt er sein fachkundiges Wissen und seine Praxiserfahrungen den Vertriebspartnern zur Verfügung. Dabei verliert er aber nicht den Praxisbezug – denn er begleitet die Netfonds Partner nicht theoretisch, sondern bis an den Tisch des Kunden. Alexander Brix ist verheiratet und wohnt mit Frau und drei gemeinsamen Kindern in Hamburg.

https://www.xing.com/profile/Alexander_Brix3

Oliver Bruns

1967 in Bremen geboren, Studium der Kath.Theologie und Geschichte in Bonn und Osnabrück. Seit 1993 in der Finanzdienstleistung mit Schwerpunkt Gesundheits-versorgung, Pflege und Demographie in verschiedenen Funktionen tätig. Oliver Bruns berät Firmen und auch Privatpersonen zu den Themen um betriebliche Versorgungssysteme. Seit 2013 auch als Buchautor in Erscheinung getreten. „Wundgelegen" Stuttgart 2013 und in 2.Auflage Norderstedt, 2018 zur Pflegevorsorge, sowie „Gesundes vom Chef", Stuttgart 2014 zur betrieblichen Krankenversicherung. Darüber hinaus erschien 2016 erstmals ein Band mit Gedichten und Texten „Aus gutem Grund". 2018 erscheint ein zweiter Band „Weil Du es Wert bist". Mit dem vorliegenden Buch tritt er erstmals als Herausgeber der Reihe ‚Oldenburger Reihe zur Wirtschaft, Politik und Gesellschaft' in Erscheinung. Oliver Bruns hat 3 Kinder aus erster Ehe und lebt mit zweiter Frau in Oldenburg (Oldb.).

https://www.xing.com/profile/Oliver_Bruns5